紫禁城　　紫禁城　자금성

THE FORBIDDEN CITY

LA CITE INTERDITE

DIE PURPURNE VERBOTENE STADT

CIUDAD PROHIBIDA

LA CITTÀ PROIBITA

Запретный город

前言

· · · · · · · ·

　　紫禁城是明、清两代的皇宫，是中国现存规模最大的古建筑群。1987年被联合国教科文组织列入《世界遗产名录》。

　　紫禁城（故宫）始建于明永乐五年（1407年），至1420年基本建成。占地72万平方米，共建有殿宇房屋9000多间，建筑东西对称，皆沿南起午门北至神武门的中轴线排列并向两旁扩展，是按照中国传统的规制设计布局，体现出皇权至尊的封建思想。紫禁城中宫殿的高度、位置、颜色及至门钉的数目等都有严格的规定和讲究，使这座宏大的皇宫既辉煌壮丽、又变化有序。

　　紫禁城宫殿区域按功能分为前朝、内廷及外东路三大部分。前朝由气势雄伟的三大殿：太和、中和、保和及东西两座独立的宫殿：文华、武英殿组成。前朝的宫殿基本上用于皇帝举行各种大典、仪式。在前朝的后面，为内延区，中路为乾清、交泰、坤宁三宫及御花园，左右两边分别为东西六宫、养心殿、奉先殿等内廷既是皇帝处理日常政务的地方，也是后、妃及皇子们的生活区域。外东路为宁寿宫，是乾隆皇帝为自己退位后当太上皇而建，相当于一个缩小的、功能齐全的小紫禁城。在内廷的西边，与外东路相对应有慈宁宫，这里是皇太后及前朝妃嫔的生活区，俗称"冷宫"。

　　紫禁城即故宫博物院，除了规模宏大，金碧辉煌的宫殿建筑群令人惊叹外，同时宫廷帝后的豪华生活原状陈列也让人大开眼界。另外，作为举世无双的故宫博物院，还收藏着中国历朝历代的无数珍贵文物，是我华夏5000年文明的光辉见证。

Foreword （英文）

　　The Forbidden City (Palace Museum), known as the imperial palace during the Ming (1368-1644) and Qing (1644-1911) dynasties, is the largest ancient architectural complex in China. In 1987 it was put on the UNESCO World Cultural Heritage List.

　　The construction of the Forbidden City began in 1407, the fifth year of the Yongle reign period of the Ming Dynasty, and was completed in 1420. It spans 72 ha and comprises more than 9,000 rooms that are symmetrically distributed along the south-north axis from the Meridian Gate to the Gate of Divine Valor. Such a layout demonstrates the traditional feudal conception of supreme royalty. The height, decoration and location of each hall, as well as the number of studs on each door, are strictly designated, making the imperial palace spectacular and orderly.

　　The entire Forbidden City consists of the Outer Court, the Inner Court and the Far Eastern Route. The Outer Court comprises three magnificent halls, namely the Hall of Supreme Harmony, the Hall of Complete Harmony and the Hall of Preserving Harmony, and two side halls, namely the Hall of Literary Glory and the Hall of Martial Valor. These halls were where the emperors held ceremonies and rituals. The Inner Court is in the rear of the Outer Court. Lying along the central axis of the Inner Court are the Hall of Heavenly Purity, the Hall of Union and Peace, the Hall of Earthly Tranquility and the Imperial Garden, which are flanked by six eastern and six western palaces, as well as the Hall of Mental Cultivation and the Hall of Worshiping Ancestors. The Inner Court was where the emperor handled office work and the imperial concubines and princes lived. In the west wing of the Inner Court stands the Palace of Tranquil Longevity, which was used as the dwelling for empress dowagers and imperial concubines of the late emperor, and it is thus popularly called the "Cold Palace."

　　Besides magnificent and resplendent buildings, the Forbidden City is also famous for its exhibitions of luxurious lives of the imperial family. As a national museum, it also houses numerous rare relics of the past, which are witnesses of the 5,000-year-old Chinese civilization.

前書き （日文）

　紫禁城は明・清両代の皇居で、中国に現存する最大規模の古代建築群である。1987年、国連ユネスコにより名が「世界遺産リスト」に登録されている。

　紫禁城（またの名を故宮と称される）は明の永楽五年（1407年）に築造が始まり、1420年に至って建設がほぼ完成した。敷地面積は72万㎡で、あわせて9000以上の部屋がある。いずれも南の午門から北の神武門までに走る中軸線をはさむように、東西対称するように配置されている。築造は伝統的な仕来りおよび皇帝が最高権力者であるという封建思想にしたがって設計して行われた。宮殿の高さや所在の位置、色、さらには門釘（扉を飾るくぎ）の数などには、いずれも厳しい規格がある。

　紫禁城の宮殿区は機能によって、前朝、内廷と外東路といった3大部分に分けられる。前朝は雄大な3大殿、つまり太和殿、中和殿、保和殿および東西両側にある2つの宮殿－文華殿と武英殿からなっている。前朝の宮殿は、基本的には各種重大行事と式典をあげる場所である。前朝の後ろに内廷区がある。中東路の乾清宮、交泰宮、坤寧宮および皇室庭園・御花園とその東西両側にある東西六宮、養心殿、奉先殿などからなる。ここは皇帝が日常の政務をさばき、皇后や后妃と皇子たちが暮らす区域である。外東路にある寧寿宮は、乾隆帝が自らの太上皇になったことを祝ってつくらせたもので、各種機能をそろえたミニ版の紫禁城といってよい宮殿である。内廷の西側、外東路と相対する場所に慈寧宮がある。ここは皇太后と后妃たちの生活ゾーンで、俗は「冷宮」と称されていた。

　紫禁城は故宮博物院にあたったところで、規模が大きく、金碧に輝く観る人を圧倒する宮殿建築群があるほか、陳列されている皇室一族の贅沢な生活様子を見て、観光客は見聞を広めて驚かされるだろう。故宮にはまた夥しい量の歴代中国の珍しい文物を収蔵している。これはわが中華の5000年と長い輝かしい文明の活きた証人である。

서언 （韓文）

　자금성 [紫禁城(쯔진청)]은 명·청 시대의 궁성으로 중국에서 현존하고 있는 최대 규모의 가장 완전한 황궁건축군이다. 1987년 유네스코의《세계유산명록》에 등록되었다.

　자금성(고궁)은 명나라 영락 5년(1407년)부터 개축했으며 1420년에 완성되었다. 면적은 72㎡이고 9000여개의 방이 있는데 모두 오문（午門）에서 신무문(神武門)에 이르는 남북 중심선을 축으로 동서로 대칭되게 배치되어 있다. 이것은 중국의 전통적인 건축물 배치로서 황권지고무상의 봉건사상을 체현한다. 자금성의 궁전의 높이, 위치, 색상 및 문에 박는 장식용 못의 수량 등은 모두 엄격한 규정과 의미가 있다. 이런 것들은 황궁으로 하여금 더욱 화려하고 장엄하게 하였다.

　자금성 궁전구역은 그 기능에 따라 크게 전조, 내정, 외동로 세 부분으로 구분된다. 전조는 태화전(太和殿), 중화전(中和殿), 보화전(保和殿) 세 대전과 동서 양쪽의 문화전(文華殿), 무영전(武英殿) 전각으로 구성되었다. 전조의 궁전은 황제가 여러 가지 의식을 진행하는 장소이다. 전조의 뒤는 황제가 개인적 생활을 영위하는 내정(內廷)으로, 중축선상에 한줄로 늘어선 건청궁(乾淸宮), 교태전(交泰殿), 곤녕궁(坤寧宮) 과 어화원(御花園)이 양쪽에 있는 동서육궁(東西六宮), 양심전, 봉선전 등 황제가 일상의 정무를 행하는 곳과 후궁과 황자와 황녀들이 생활하는 곳이 배치되어 있다. 외동로는 영수궁(寧壽宮)으로서 건륭제가 태상황이 되기 위해 건축된 것인데 기능이 구전한 자금성의 축소품이다. 내정의 서쪽은 동외로를 상대하여 자녕궁(慈寧宮)을 배치하였는데 황태후와 전조(前朝)의 후빈들이 생활하는 곳으로 "냉궁(冷宮)"이라고 부른다.

　자금성은 일명 고궁박물관이라고 하는데 건물들이 규모가 크고 휘황찬란하여 궁전 속의 호화롭고 사치한 생활을 반영한 진열품은 뭇 사람들로 하여금 경탄을 금치못하게 한다. 고궁박물관에 소장하고 있는 진귀한 문물들은 휘황한 중화 5000년 문명과 역사를 반영하는 견증품이라고 할 수 있다.

Avant-propos （法文）

La Cité interdite, palais impérial des dynasties des Ming (1368 – 1644) et des Qing (1644 – 1911), est le plus vaste ensemble architectural ancien existant en Chine. En 1987, elle a été inscrite sur la Liste du Patrimoine mondial par l'UNESCO.

La construction de la Cité interdite (Palais impérial) débuta en l'An 5 du règne Yongle (1407) de l'empereur Chengzu des Ming et en 1420, l'ensemble fut pratiquement achevé. Couvrant une superficie de 720 000 mètres carrés, le palais contient en tout plus de 9 000 pièces. Les salles et les palais sont disposés le long de l'axe central allant de la porte du Méridien (Wumen) au sud jusqu'à la porte de la Fierté divine (Shenwumen) au nord. Les bâtiments des deux côtés, est et ouest, font symétrie sur cet axe. Observant les règles traditionnelles, la conception et la disposition des édifices de la Cité interdite incarnent l'idée de suprématie de l'autorité impériale. En ce qui concerne la hauteur, la position, les couleurs ainsi que le nombre des mamelons de porte des salles, il y avait des règles strictes à suivre lors de la construction, raison pour laquelle ce vaste ensemble palatial est si magnifique et si splendide avec des palais aux formes variées, mais bien rangés.

Selon les fonctions des divers bâtiments, la Cité interdite peut être divisée en trois grandes parties : la cour extérieure, la cour intérieure et la cour extérieure de l'est. La cour extérieure, constituée par les Trois Grandes Salles magnifiques, à savoir la Salle de l'Harmonie suprême (Taihedian), la Salle de l'Harmonie parfaite (Zhonghedian) et la Salle de l'Harmonie préservée (Baohedian), et les deux palais indépendants de l'est et de l'ouest : le Palais de la Culture (Wenhuadian) et le Palais des Prouesses militaires (Wuyingdian), servait essentiellement à l'empereur à recevoir ses ministres et à présider les grandes cérémonies officielles. La cour intérieure derrière la cour extérieure, formée du Palais de la Pureté céleste (Qianqinggong), de la Salle de l'Union (Jiaotaidian), du Palais de la Tranquillité terrestre (Kunninggong) et du Jardin impérial, disposés le long de l'axe central, des Six Palais de l'est, des Six Palais de l'ouest, du Palais de la Nourriture de l'esprit (Yangxindian) et de la Salle du Culte des ancêtres (Fengxiandian) des deux côtés, était le lieu où l'empereur conduisait les affaires de l'Etat et où logeaient l'impératrice, les concubines et les fils de l'empereur. Quant à la cour extérieure de l'est, il s'agit du Palais de la Tranquillité et de la Longévité (Ningshougong) que l'empereur Qianlong des Qing fit construire pour son abdication en faveur de son successeur – le prince héritier (empereur Jiaqing), ressemblant à une petite cité interdite pourvue de toutes les commodités. A l'ouest de la cour intérieure est le Palais de l'Affection et de la Tranquillité (Cininggong) qui fait symétrie avec la cour extérieure de l'est. Ce palais, habité par l'impératrice douairière et les concubines de l'empereur précédent, est vulgairement appelé le "Palais de la Disgrâce".

Non seulement la Cité interdite, connue aussi sous le nom du Musée du Palais impérial, étonne les gens par son vaste ensemble de bâtiments palatiaux splendides, mais les expositions d'objets utilisés par les empereurs et leurs épouses, mis en place suivant leur état original, révélant leur vie de luxe, ont aussi grandement ouvert les yeux aux visiteurs. Par ailleurs, les pièces précieuses incalculables de diverses dynasties, conservées dans le Musée du Palais impérial sans pair en son genre au monde, sont le témoin de la civilisation brillante de 5 000 ans de la nation chinoise.

Vorwort （德文）

Die Purpurne Verbotene Stadt, auch der Kaiserpalast in Beijing genannt, diente als Residenz der Dynastien Ming und Qing. Sie ist der größte und vollständigste alte Baukomplex Chinas. Im Jahre 1987 wurde sie von der UNESCO in die Liste des Weltkulturerbes aufgenommen.

Die Purperne Verbotene Stadt nimmt eine Fläche von 720 000 Quadratmetern ein. Sie wurde zwischen 1407 und 1420 während der Yongle-Regierungsperiode der Ming-Dynastie erbaut. Auf dem Gelände des Kaiserpalastes befinden sich insgesamt über 9000 Räume. Die Purpurne Verbotene Stadt zeichnet sich durch ihre imposante Ausstattung, ihre strenge Planung und die integrierte und symmetrische Anordnung des gesamten Baukomplexes aus.

Die Purpurne Verbotene Stadt ist in drei Teile – den Außenhof, den Innenhof und den Äußeren Osthof gegliedert. Der Außenhof mit den drei Haupthallen Taihedian (Halle der Höchsten Harmonie), Zhonghedian (Halle der Vollkommenen Harmonie) und Baohedian (Halle der Erhaltung der Harmonie) als Mittelpunkt liegt im Südteil. Hier empfing der Kaiser hohe Beamte, übte seine Macht aus und hielt wichtige Zeremonien ab. An der linken und rechten Seite dieser drei Haupthallen liegen die Wenhuadian (Halle der Literarischen Blüte) und die Wuyingdian (Halle der Militärischen Tapferkeit). Hinter dem Außenhof liegt der Innenhof, wo der Kaiser mit seinen Familienmitgliedern lebte und laufende Staatsangelegenheiten erledigte. Er besteht aus den drei Hauptpalästen Qianqinggong (Palast der Himmlischen Reinheit), Jiaotaidian (Halle der Berührung von Himmel und Erde) und Kunninggong (Palast der Irdischen Ruhe), dem Palastgarten, den sechs östlichen und den sechs westlichen Palästen, der Yangxindian (Halle zur Bildung der Gefühle) und dem Fengxian-Ahnentempel. Der Äußere Osthof liegt im Osten des Innenhofes. Sein Hauptgebäude ist der Ningshougong (Palast der Ruhe und Langlebigkeit), wo der Kaiser Qian Long lebte, nachdem er dem Thron entsagt hatte. Im Westen des Innenhofes befindet sich der Cining-Palast, auch „Karter Palast" genannt, und diente als Wohnstätte für die Haupt- und Nebenfrauen der verstorbenen Kaiser.

Die Purpurne Verbotene Stadt ist eine große Schaztkammer. Hier werden zahlreiche kostbare Kulturgegenstände aus verschiedenen Dynastien gesammelt. Heute ist sie als Palastmuseum für die fünf Jahrtausende alte chinesische Geschichte und traditionelle chinesische Kultur und Kunst bekannt.

Premessa （意文）

La Città Proibita fu il palazzo imperiale durante le dinastie Ming e Qing, ed è uno dei principali monumenti del paese, simbolo della Cina tradizionale e massimo capolavoro di architettura classica in buon stato di conservazione. Nel 1987 fu inserita nella lista dei patrimoni culturali mondiali dall'UNESCO.

I lavori di edificazione iniziarono nel 1407 e furono completati nel 1420 durante il regno dell'imperatore Yongle della dinastia Ming.

La Città Proibita copre una superficie di 720 chilometri quadrati e comprende oltre novemila vani disposti simmetricamente lungo l'asse centrale dalla Porta del Meriggio alla Porta del Genio Militare, in direzione sud-nord. La distribuzione degli edifici si presenta secondo il concetto tradizionale dell'architettura cinese classica, secondo cui il potere massimo era rappresentato dall'imperatore. L'altezza, la posizione e il colore degli padiglioni e i numeri di chiodi sulla porta nella Città Proibita erano tutti elementi frutto di un calcolo preciso e simbolico.

Il complesso è costituito da tre parti distinte: la corte esterna, la corte interna e la *Waidonglu*. La corte esterna è composta dal Palazzo dell'Armonia Suprema, dal Palazzo dell'Armonia Perfetta, dal Palazzo dell'Armonia Preservata, dal Palazzo dello Splendore Letterario e dal Palazzo del Valore Militare, tutti edifici destinati alle cerimonie e ai riti ufficiali. La corte interna è invece composta dal Palazzo della Purezza Celeste, dal Palazzo della Grande Unione, dal Palazzo della Tranquillità Terrena, dal Giardino Imperiale, dai Sei Palazzi dell'Ovest, dai Sei Palazzi dell'Est, dal Palazzo del Perfezionamento dello Spirito e dalla Sala del Culto degli Antenati, tutti edifici riservati alla famiglia imperiale e al

suo seguito, in cui l'imperatore trattava gli affari di stato. Il *Waidonglu*, ovvero il Palazzo della Quiete e della Longevità, fu fatto erigere dall'imperatore Qianlong per sé stesso che usò quando divenne il padre dell'imperatore. Il *Waidonglu* costituisce una Città Proibita in miniatura.

A ovest della corte interna, di fronte al *Waidonglu*, è presente il Palazzo *Cininggong* in cui vivevano la madre dell'imperatore e le concubine.

La Città Proibita, ora Museo del palazzo imperiale manifesta lo splendore dell'architettura e presenta lo stile di vita lussuosa condotta dagli imperatori e della corte imperiale. I numerosi tesori raccolti all'interno del Museo del Palazzo Imperiale sono la testimonianza della civiltà della nazione cinese nel corso di 5.000 anni di storia.

Introducción （西文）

La Ciudad Prohibida o Ciudad Púrpura es el palacio imperial de las dinastías Ming (año 1368-1644) y Qing (1644-1911) y constituye el mayor grupo antiguo de construcciones existentes en China, que en 1987 la UNESCO lo incluyó en su lista de Patrimonios Mundiales.

Su edificación se inició en el quinto año del reinado del emperador Yongle, de la dinastía Ming (1407) y concluyó en 1420. Cubre una extensión de 720 mil metros cuadrados y cuenta con más de nueve mil habitaciones, las cuales se extienden a lo largo del eje central, desde la puerta Wumen (del Mediodía), en el Sur, hasta la puerta Shenwumen (del Genio Militar), en el Norte, y se distribuyen simétricamente por el Este y el Oeste. Tanto su diseño como su estructura acatan el régimen tradicional y arrojan la ideología feudal del respeto absoluto al poder imperial. Las estrictas reglas en la altura, posición y color de los palacios, hasta la cantidad de los clavos en las puertas hacen que esta majestuosa edificación imperial refleje su elegancia, brillantez y orden.

Según su función, la Ciudad Prohibida se divide en tres partes: Corte Exterior, Interior y Ruta Exterior del Este. La primera está formada por tres impresionantes palacios, Taihe (de la Armonía Suprema), Zhonghe (de la Armonía Central) y Baohe (de la Armonía Preservada), y otros dos palacios independientes al Este y Oeste, Wenhua y Wuying. La Corte Exterior servía para que el emperador presidiera las ceremonias importantes. La parte trasera de ésta era el área de la Corte Interior. Los palacios de Qianqing (de la Pureza Celeste), Jiaotai (de las Relaciones Celeste y Terrestre) y Kuning (de la Tranquilidad Terrestre) se ubican en el eje central. A los dos lados del jardín imperial se encuentran los seis palacios del Este y Oeste, Yangxin (de Cultivo Mental), Fengxian (de Veneración de los Antepasados), etc. La Corte Interior era el lugar donde el emperador despachaba los asuntos cotidianos del Gobierno y residían las concubinas e hijos del soberano. El Palacio Ningshou (de Longevidad Tranquila) se sitúa en la última zona. Fue construido por orden del emperador Qianlong para ser habitado por él cuando se convirtiese en overlord (padre del emperador). Es una miniatura con completas funciones de la Ciudad Púrpura. Al Oeste de la Corte Exterior y frente a la parte de la Ruta Exterior del Este, se alinea el Palacio Cining (de la Tranquilidad Compasiva), también conocido como "Palacio Frío", que era la morada de la emperatriz madre y de las concubinas del emperador anterior.

La Ciudad Prohibida, o sea, el Museo del Palacio Imperial, no sólo es admirado por la gente por sus majestuosos y maravillosos palacios, sino también por el estado original expuesto de la vida lujosa del monarca. Además, en el Museo, sitio sin par en el mundo, se coleccionan las numerosas reliquias de las dinastías chinas, que atestiguan el esplendor de una civilización de cinco mil años.

Предисловие （俄文）

Запретный город, еще называется Гугуном, находится в самом центре Пекина. Эта бывшая резиденция императоров династий Мин и Цин является самым целостным древним деревянным ансамблем в Китае. В 1987 году он был занесен ЮНЕСКО в реестр объектов мирового культурного наследия.

Запретный город был построен в 1407 году. В 1420 г. строительство его завершилось. Общая площадь Запретного города – 72 тыс. квадратных

километров. Здесь имеются более 9000 помещений, которые с юга, с ворот Умэнь до севера, ворот Шэньумэнь расположены на центральной оси и протягиваются на восток и запад. Такая традиционная планировка отражает феодальную идею «императорское право выше всех». Высота, место, цвет и количество гвоздей на воротах павильонов Запретного города были строго установлены.

По функциям Запретный город разделяется на три части: внешние павильоны, внутренние резиденции и Вайдунлу. За дворцовыми воротами один за другим расположены павильон Тайхэдянь, павильон Чжунхэдянь и павильон Баохэдянь. Они являются внешними павильонами. Эти павильоны предназначались для проведения важнейших государственных и придворных церемониалов. В северной части императорского дворца находятся павильон Цяньцингун и павильоны Цзяотайдянь и Куньнингун, предназначенные для семейных торжеств. Павильоны Янсиньдянь, Фэнсяньдянь и другие внутренние резиденции были местом, где императоры занимаются государственными делами, местом проживания императриц, наложниц и детей императоров. Вайдунлу является павильоном Ниншоугунь, который был построен императором Цяньлун для себя. Этот павильон равен сокращенному маленькому Запретному городу с полными функциями. На западе внутренних резиденций, напротив Вайдунлу находится павильон Цынингун, который является местом проживания вдовствующих императриц и наложниц. Он еще имеет другое название Лэнгун (холодный дворец).

Запретный город пользуется известностью не только величественным ансамблем павильонов, но и богатейшей сокровищей. в настоящее время в музее Гугун еще хранится около миллиона памятников культуры со времен династии Шан вплоть до династии Цин, которые являются сильным доказательством 5000-летней цивилизации Китая.

午门：俗称 "五凤楼" 为紫禁城的正门。午门共有五个门洞，中间为 "御路"，只有皇帝可出入。

The Meridian Gate, popularly called the Five-Phoenix Tower, is the front entrance to the Forbidden City. It has five doorways, of which the middle one is called "Imperial Road." In ancient times, only emperors were allowed to pass through the middle doorway.

午門：紫禁城の正門。俗は「五鳳楼と称される。あわせて5つのトンネル形門がある。真ん中の1つは「御路」と称され、皇帝に限って出入りすることが許される。

오문 : 자금성의 정문으로 다섯 마리의 봉황과 같다 하여 오봉루(五鳳樓) 라고도 불린다. 오문에는 모두 5개 의 통로가 있고 중간의 문이 황제의 전용 통로이다.

La porte du Méridien (Wumen), appelée aussi le "Pavillon des Cinq Phénix (Wufenglou)", est l'entrée principale de la Cité interdite. Au centre, c'est le passage de sa Majesté (Yulu), réservé spécialement à l'empereur.

Das Wumen-Tor , allgemein Wufenglou (Turm der Fünf Phönixe) genannt, ist der Haupteingang der Purpurnen Verbotenen Stadt. Es hat fünf Eingänge, der mittlere davon war für Kaiser bestimmt.

La Porta Meridiana, chiamata anche "Torre delle Cinque Fenici" è l'entrata principale della Città Proibita, caratterizzata da cinque passaggi, di cui quello centrale era riservato al solo uso dell'imperatore.

Puerta Wumen: con el nombre local de "Pabellón de Cinco Fénix" es la entrada principal de la Ciudad Prohibida. En total cuenta con cinco caminos, el central se llama "Camino imperial" que era el paso exclusivo del emperador.

Ворота Умэнь: Являются парадными воротами Запретного города. На воротах всего 5 входов, средний из них только может проходить император.

外朝

外朝是封建皇帝举行大典和召见群臣、行使权力的重要场所。以太和殿、中和殿和保和殿为中心，文华、武英两殿为两翼。为紫禁城内的重点建筑。

Outer Court （英文）

The Outer Court was where the emperors held ceremonies, met officials and presided over the country. As the main building complex of the Forbidden City, it comprises the Hall of Supreme Harmony, the Hall of Complete Harmony and the Hall of Preserving Harmony on the central axis, as well as the Hall of Literary Glory and the Hall of Martial Valor to the east and west.

La cour extérieure （法文）

La cour extérieure était l'important lieu pour que l'empereur préside les grandes cérémonies, donne audience à ses ministres et exerce ses pouvoirs. La Salle de l'Harmonie suprême (Taihedian), la Salle de l'Harmonie parfaite (Zhonghedian) et la Salle de l'Harmonie préservée (Baohedian), disposées le long de l'axe central, ainsi que le Palais de la Culture (Wenhuadian) et le Palais des Prouesses militaires (Wuyingdian) qui les flanquent sont les bâtiments d'importance capitale de la Cité interdite.

Corte exterior （西文）

La Corte Exterior era el lugar en el que el emperador efectuaba las ceremonias, entrevistaba a los funcionarios y ejercía su poder. Su núcleo abarca los palacios de la Armonía Suprema, Armonía Central y Armonía Preservada. Mientras, los palacios Wenhua y Wuying se extienden por los laterales como alas. Son construcciones sumamente importantes de la Ciudad Prohibida.

Внешние павильоны （俄文）

Предназначались для проведения важнейших государственных и придворных церемониалов. Павильон Тайхэдянь, павильон Чжунхэдянь и павильон Баохэдянь в центре, а павильоны Вэньхуа и Уин на обоих флангах. Все они являются важными сооружениями в Запретном городе.

外朝 （日文）

外朝は封建時代の皇帝が重大な式典を挙げたり、群臣を引見したり、権力を行使した場所である。太和殿、中和殿と保和殿を中心とし、文華殿と武英殿を両翼とする。紫禁城においてはきわめて大切な建物である。

Der Außenhof （德文）

Der Außenhof mit den drei Haupthallen Taihedian (Halle der Höchsten Harmonie), Zhonghedian (Halle der Vollkommenen Harmonie) und Baohedian (Halle der Erhaltung der Harmonie) liegt im Süden des Kaiserpalastes. Hier empfing der Kaiser hohe Beamte, übte seine Macht aus und hielt wichtige Feiern und große Zeremonien ab. Zu seinen anderen Bauten gehören u. a. die Wenhuadian (Halle der Literarischen Blüte) und Wuyingdian (Halle der Militärischen Tapferkeit).

La Corte Esterna （意文）

La Corte Esterna era il luogo di potere in cui si svolgevano importanti cerimonie e dove gli imperatori incontravano i ministri e i generali. È costituita da tre grandi edifici chiamati Sala dell'Armonia Suprema, Sala dell'Armonia Perfetta e Sala dell'Armonia Preservata situati al centro e altri due edifici posti ai due ali: la Sala dello Splendore Letterario e la Sala del Valore Militare.

Gli edifici della corte esterna sono gli elementi principali dell'intero complesso architettonico imperiale.

외조 （韩文）

외조(外朝)는 태화전, 중화전, 보화전 등 3대전을 중심으로 하고 문화전, 무영전이 양쪽에 있는데 아주 웅장하고 장엄하면서도 화려하다. 이곳은 황제가 대전 의식을 거행하거나 정사를 보거나 연회를 베풀어 외국의 사신을 접대하던 장소이다.

太和门广场：太和门为三大殿的正门，门前广场开阔，有内金水河流过，河上设五座玉带桥。

（英文） The square in front of the Gate of Supreme Harmony, which serves as the front entrance to the Outer Court. The Golden Water River flows through the square in front of the gate, and five marble bridges span the river.

（日文）太和門広場：太和門は3大宮殿の正門である。門前広場を流れる金水河の上には、5つの玉帯橋がかかっている。

（韩文）태화문광장:태화문은 '3 대전' 이라 부르는 태화전, 중화전, 보화전의 정문으로 널찍한 앞뜰에는 금수하(金水河)가 흘러지나고 있으며 그 위에 5 개의 한백옥석 다리가 가로 놓여 있다.

（法文）L'esplanade de la Porte de l'Harmonie suprême. La porte de l'Harmonie suprême est l'entrée principale des Trois Grandes Salles. L'esplanade devant cette porte est très large et est traversée par la rivière aux Eaux d'or interne, enjambée par les cinq Ponts de la Ceinture de jade.

（德文）Der Taihemen-Platz: Das Taihemen-Tor ist der Haupteingang der Drei Haupthallen. Auf diesem großen Platz sieht man einen Wassergraben mit dem Namen Neijinshuihe (der Innere Goldwasser-Fluss), über den sich fünf Bogenbrücken aus weißem Marmor spannen.

（意文）Il piazzale davanti alla Porta dell'Armonia Suprema. La Porta dell'Armonia Suprema permette di accedere alle tre grandi sale dell'Armonia. Il ruscello delle Acque d'Oro con i cinque ponti in marmo attraversa il piazzale da est a ovest.

（西文）Plaza de la puerta Taihe: es la puerta principal de los tres palacios. Se halla en una amplia plaza por donde discurren las aguas doradas. Sobre el río se encuentran cinco puentes de cinturón de jade.

（俄文）Площадь Тайхэмэнь: Ворота Тайхэмэнь являются парадными воротами павильонов Тайхэдянь, Чжунхэдянь и Баохэдянь. На просторной площади есть канал Цзиньшуйхэ, через который переброшено пять мраморных мостов.

太和殿

太和殿，即"金銮殿"是皇宫中最重点的建筑。这里是皇帝举行典礼的地方，故规划高大，面阔11间（63.96米）进深5间（37.3米）高27.92米，加上台基、通高35.03米。

Hall of Supreme Harmony （英文）

The Hall of Supreme Harmony, commonly called the Hall of Golden Chimes, occupies a prominent position in the imperial palace. It was used for state ceremonies. The hall is 63.96 meters in width, 37.3 meters in depth and 27.92 meters in height. Plus its foundation, the hall is totally 35.03 meters high.

太和殿 （日文）

太和殿はまたの名を「金鑾殿」と呼び、故宮においてはもっとも大切な宮殿である。皇帝が重大な式典をあげる場所として、大きく高いように建てられている。間口11間（63.96m）、奥行き5間（37.3m）、高さ27.92m、基礎部を入れた高さ35.03m。

태화전 （韩文）

태화전 , 속칭 "금란전(金鑾殿)"이라고 부르며 황궁에서 중심을 이루는 건축물이다. 황제가 여러 가지 의식을 거행하는 곳으로서 자금성에서 최대의 궁전으로 동서 길이 11간 (63.96m), 남북 길이 5간 (37.3m), 높이 27.92m 이며 한백옥석 기초까지 합치면 그 높이는 35. 03m 에 달한다.

La Salle de l'Harmonie suprême （法文）

La Salle de l'Harmonie suprême, appelée aussi la "Salle du Trône impérial (Jinluandian)", était le plus important édifice du Palais impérial où l'empereur présidait les grandes cérémonies. Elle mesure 63,96 mètres de large (11 travées) et 37,3 mètres de profondeur sur 27,92 mètres de hauteur. Avec la terrasse sur laquelle elle repose, la hauteur totale est de 35,03 mètres.

Die Taihedian （德文）

Die Taihedian (Halle der Höchsten Harmonie) wird auch Jinluandian (Goldener Thronsaal) bezeichnet. Sie ist die wichtigste Halle des Kaiserpalastes. Von hier aus übte der Kaiser seine Macht aus. Viele wichtige Zeremonien fanden hier statt. In bezug auf Architektur und Ausstattung ist sie die beste der drei Haupthallen im Außenhof. Sie liegt auf einem 8,13 m hohen Postament aus weißem Marmar und ist 63,96 m lang, 37,3 m breit und 26,92 m hoch (einschließlich des Potaments insgesamt 35,05 m hoch).

①

Palacio Taihe （西文）

También conocido como "Palacio del Trono de Oro", es el edificio más importante de la Ciudad Prohibida. Allí el emperador efectuaba las ceremonias más importantes, de ahí la altura y majestuosidad que lo distinguen. En su interior se distribuyen horizontalmente 11 habitaciones de 63,96 metros y otras cinco verticalmente de 37,3 metros. Tiene 27,92 metros de alto, más la altura de la terraza, que alcanza los 35,03 metros.

Павильон Тайхэдянь （俄文）

Павильон Тайхэдянь, еще называется Цзиньлуаньдянь, является важнейшим сооружением в Запретном городе. Павильон предназначен для проведения официальных церемоний. Ширина его составляет 63,96 м, длина — 37,3 м, высота — 27,92 м. Если плюс платформу, то высота — 35,03 м.

Taihe dian (Palazzo dell'Armonia Suprema) （意文）

Il Palazzo dell'Armonia Suprema, detta anche Sala del Trono d'Oro, è l'edificio principale di tutto il complesso in cui si svolgevano le cerimonie importanti. Lunga 63,96 metri (11 campate), larga 37,3 metri (5 campate) e alta 35,03 metri.

②

① 太和殿外景
The Hall of Supreme Harmony at night
太和殿外景
태화전의 외부
Une vue extérieure de la Salle de l'Harmonie suprême
Außenansicht der Taihedian
Il Palazzo dell'Armonia Suprema visto dall'esterno
Escena exterior del Palacio Taihe
Вне Тайхэдянь

② 三大殿汉白玉石台基
Marble foundations of the Three Front Halls
３大宮殿の漢白玉石製の基礎
３대전의 한백옥석 기초
Terrasses aux balustrades de marbre blanc des
Trois Grandes Salles
Das Postament der drei Haupthallen
Terrazza di marmo bianco dei tre grandi palazzi
Terraza de mármol blanco de los tres palacios
Мраморная платформа

太和殿镂空楠木金漆雕龙宝座

太和殿内景：在 6 根蟠龙金漆大柱子中间，在有 7 级台阶的高台上设置的雕龙宝座。宝座上方是金漆蟠龙藻井。明清两代曾经有 2 4 个皇帝在这里登基。

（英文）
Inside the Hall of Supreme Harmony, a throne with carvings of dragons stands on a seven-stair terrace surrounded by six gilded pillars carved with dragons. Above the throne is a gilded ceiling decorated with dragons. A total of 24 emperors of the Ming and Qing dynasties sat on this throne.

（日文）
太和殿の内部風景：6 本の金漆を塗った「蟠竜大柱」に囲まれて、7 段の段階がある高台に竜を彫った玉座が安置されている。玉座の頭上は「金漆蟠竜藻井」と呼ばれる天井である。明・清両代の 2 4 人の皇帝がここで君臨した。

（韓文）
태화전의 내부 : 6 개의 반룡금칠 기둥 사이에 7 개의 계단이 있으며 그 위에는 용을 조각한 보좌가 있다. 보좌 위는 금칠반룡천정이다. 명・청 두 시대의 24 명의 황제가 천자의 자리에 올랐었다.

（法文）
Une vue de l'intérieur de la Salle de l'Harmonie suprême : au milieu de l'espace entouré par les six colonnes centrales laquées d'or et ornées de dragons lovés sculptés est une estrade desservie par un escalier de sept marches, sur laquelle se trouve le trône sculpté de dragons. Le plafond au-dessus du trône est orné de caissons aux motifs de dragons laqués d'or. Sous les Ming et les Qing, vingt-quatre empereurs y sont montés sur le trône.

（德文）
Innenansicht der Taihedian: Der Thron liegt auf einer 7-stufigen Plattform und in der Mitte der 6 von goldlackierten Drachen umwundene Säulen. Über dem Thorn befindet sich eine feine, kunstvoll gearbeitete Deckendekoration mit gewundenen Drachen. 24 Kaiser der Ming- und Qing-Dynastie bestiegen hier den Thron.

（意文）
L'interno del Palazzo dell'Armonia Suprema: fra le sei colonne decorate con disegni di drago d'oro è presente un trono inciso con motivi di drago posto in cima a una pedana di sette gradini . Sopra il trono il soffitto è disegnato da un drago d'oro. Qui i 24 imperatori delle dinastie Ming e Qing furono incoronati e deposti sul trono

（西文）
Escena interior del Palacio Taihe: entre los seis pilares esculpidos con motivos de dragones en espiral y pintura dorada se halla el trono grabado de dragón sobre la terraza de las siete escaleras. Encima del estrado aparece el artesonado de dragón, enroscado y pintado de color dorado. 24 emperadores de las dinastías Ming y Qing subieron a este trono.

（俄文）
Внутри Тайхэдянь: в центре круга шести золотых колонн с изображением дракона стоит трон с изображением дракона на платформе с 7 ступенями. Над троном – золотой кессон с изображением дракона. Всего 24 минского и цинского императора вступили на трон в Тайхэдянь.

The golden-lacquered throne carved with dragons in the Hall of Supreme Harmony
太和殿の透かし彫りして金漆を塗ったクスノキの玉座
태화전의 금칠 용조각 보좌
Le trône impérial en bois de Machilus nanmu ajouré et sculpté de dragons peints à la laque dorée
Der Thron in der Taihedian. Er ist aus Nanmu-Holz geschnitzt und mit Drachen- und Wolkenmustern verziert.
Il trono in legno decorato con incisioni di drago d'oro nel Palazzo dell'Armonia Suprema
Trono dorado, ahuecado y con un dragón esculpido, del Palacio Taihe, hecho de madera de nanmu
Трон с изображением дракона из махила

康熙皇帝像（1654—1722），名玄烨，清入
关后的第二代皇帝。1661年继位，年号康熙。
1667年亲政，执政期间，清除专横乱政的鳌
拜、平三藩、统一台湾、反击沙俄入侵、收
复雅克萨、亲征准噶尔平叛；护送达赖喇嘛
入藏等一系列维护多民族国家统一的重大举
措。康熙帝是中国历史上在位时间最长的皇
帝，也是清代颇有作为的皇帝。

（英文）

A portrait of Emperor Kangxi (1654-1722), the
second emperor of the Qing Dynasty to reign
from Beijing. He succeeded to the imperial throne
in 1661. He removed autocratic officials, put down
three rebellions, recovered Yakesa from invading
Russian troops, and personally led troops to crush
a rebellion of Junggar, He also took measures to
consolidate national unification, including install-
ing the Dalai Lama as the ruler of Tibet and bring-
ing Taiwan back into the empire. He was the em-
peror with the longest reign in China's history,
and was one of the most capable rulers of the Qing
Dynasty.

（日文）

康熙帝像（1654～1722）。康熙は、名は玄
燁といい、清が山海関以南の地に進入した
2代目の皇帝である。1661年に位を継いで
年号を康熙とし、1667年に親政をはじめ
た。政権を握る期間中、横暴な鰲拜と三藩
勢力を平らげ、台湾を統一し、帝政ロシア
の侵略を抵抗して雅克薩を奪い返し、自ら
兵を率いてジュンガル反乱を平定し、ダラ
イラマをチベットに護送するなど、国家の
統一を守るための一連の措置をとった。中
国の歴史上、在位がもっとも長い皇帝で、
清代においてはかなりの貢献がある皇帝で
ある。

（韩文）

강희제（1654~1722），이름은 현엽(玄燁)
이고 청나라가 산해관 이내로 들어온 후 두번
째 황제이다. 1661년에 즉위하고 연호를 강
희라고 고쳤다. 1667년부터 정사를 보는 기
간 오배(鰲拜)의 섭정을 물리치고 삼번(三藩)
의 난을 평정하고 타이완을 통일하였으며 로
시아를 몰아내고 알바진(Albazin) 땅을 회복
했다. 친정(親征)하여 준갈이(準噶爾)의 갈
단을 치고 크게 승리를 거두었고 달라이 라마를 티베트로 호송하고 책봉하는 다민족국
가 통일을 유지하는 중대한 일을 하였다. 역대 중국의 황제 가운데 재위 기간이 가장 길
고 명군(名君)으로 전해진다.

（法文）

Le portrait de l'empereur Kangxi. L'empereur Shengzu, Xuan Ye (1654 – 1722), succéda au
trône en 1661 comme le deuxième empereur après la pénétration des troupes des Qing à
l'intérieur de la passe Shanhaiguan, connu sous le nom de son règne Kangxi. En 1667, il
commença à gouverner personnellement. Pendant la période où il était au pouvoir, il liquida Ao
Bai qui s'était conduit en despote dans le but d'usurper le pouvoir, réprima trois gouverneurs
militaires rebelles, résista à l'invasion de la Russie tsariste, recouvra la région de Yaxa, commanda
personnellement l'expédition à Jungar pour écraser une rébellion et fit convoyer Dalai Lama
de Beijing au Tibet quand il devait pratiquer la méditation au lit. Toutes ces mesures d'importance
majeure prises par lui consistaient à maintenir l'unification de toute la Chine, pays multinational.
L'empereur Kangxi était un souverain restant le plus longtemps sur le trône et ayant du succès
dans l'histoire de la Chine.

（德文）

Porträt von dem Kaiser Kang Xi (1654—1722).
Er hieß Xuan Ye und war der zweite Kaiser der
Qing-Dynastie. Er bestieg im Jahre 1661 den
Thron und im Jahre 1667 übernahm selbst die
Regierung der Qing-Monarchie. Während seiner
Regierungsperiode hat er für die Konsolidierung
der Vereinigung des Landes und der Einheit aller
Nationalitäten große Beiträge geleistet. Zum
Beispiel ließ er den rebellischen Minister Ao Bai
verhaften, die Sanfan-Rebelion niederschlagen, die
Insel Taiwan und das Gebiet Yacsa zurückerobern,
gegen die Angriffe des zaristischen Russlands
kämpfen. Darüber hinaus führte er persönlich
seine Truppen gegen die aufständige Jungar-Armee
und schickte ein Expeditionsheer nach Tibet und
half dem 6. Dalai Lam, als Herrscher in Tibet
einzusetzen. In der chinesischen Geschichte war
Kang Xi der einzige Kaiser, dessen
Regierungsperiode am längsten war.

（意文）

Il ritratto dell'impeperatore Kangxi (1654-1722),
che aveva nome di Xuanye, e fu il secondo
imperatore della dinastia Qing. Nel 1661 salì al
trono e diede nome al suo regno di Kangxi e nel
1667 iniziò a curare qui gli affari di Stato. Durante
il periodo del suo regno, Kangxi eliminò Ao Bai,
un alto funzionario molto influente, sedò la
ribellione dei Tre feudatori, unificò Taiwan,
contrattaccò l'aggressione russa, riconquistò il
territorio di Yakes e partecipò personalmente alla
battaglia per sedare la rivolta di Junger, scortò il
Dalai Lama fino in Tibet per la cerimonia di
successione e partecipò a numerosi altri eventi
importanti per l'unificazione del paese. Nel corso
della storia cinese, il regno di Kangxi fu il più
lungo fra tutti, caratterizzato da grandi successi.

（西文）

Dibujo del emperador Kangxi (1654-1722). Tiene
el nombre de Xuanye, segundo emperador tras la
penetración de Qing a las planicies centrales.
Asumió el trono en 1661 y su título fue Kangxi.
Empezó el verdadero dominio en 1667. Durante
su Gobierno dejó sin poder al general Brillant,
reprimió ejércitos de Shang Kexi, en Guangdong,
Geng Zhongming y Geng Jingzhong, en Fujian,
(en la dinastía Qing, el Gobierno central premió a estos tres generales por su contribución en la
guerra contra la dinastía Ming y les dio gran poder. Sin embargo, con el paso de tiempo, los tres
se volvieron autoritarios y no obedecían las órdenes de la corte), unificó la isla de Taiwan,
repelió a los agresores rusos zaristas, recuperó Jasa y participó en la expedición para sofocar la
rebelión de Tsarist, en Junggar. También dictó varias medidas importantes para preservar la
unión de las minorías nacionales, como escoltar al Dalai Lama al Tíbet. Kangxi fue el emperador
con más prolongado mandato en la historia china y un exitoso monarca en la dinastía Qing.

（俄文）

Портрет императора Канси (1654-1722), Личное имя императора Канси – Сюанье.
Канси является вторым цинским императором. В 1661 году он вступил на трон, его
девиз – Канси. В 1667 г. он взял на себя бразды правления. В течение его правления
Канси принял ряды политических мероприятий, которые сильно способствуют
единству и сплоченности многонациональной страны. В китайской истории
государством правил Канси дольше, чем других императоров. К тому же, он тоже
является императором, способным к славным делам, в цинской династии.

殿台基上的排水螭首，三大殿建在高 8．1 3 米的三层汉白玉石的台基上，并有 1 1 4 2 个排水白石螭首（龙头）下雨时，会呈现千龙吐水的奇观。

Dragon head drainpipes on the foundations of the Three Front Halls. The Three Front Halls were constructed on three-terraced marble foundations 8.13 meters high.

3 大宮殿の基礎部に設けられた排水ロ―「螭首」。3 大宮殿を支える高さ 8.13m の漢白玉石の基礎部には合わせて 1142 の竜頭形の「螭首」がある。雨のときは、「千竜水を吐く」光景が楽しめられる。

3 대전은 높이 8.13m 의 한백옥 기단위에 건축되었는데 기단 변두리에는 배수 작용을 하는 1142 개의 리수(용머리)가 조각되어 있다. 비가 오면 빗물이 용의 입을 통해 배수된다.

Gargouilles en forme de tête de dragon des terrasses des Trois Grandes Salles. Les Trois Grandes Salles reposent chacune sur une terrasse en trois paliers bordés d'une balustrade en marbre blanc. Les trois rangées de balustrades sont munies en tout de 1 142 gargouilles de marbre blanc en forme de tête de dragon. Quand il pleut à verse, l'eau jaillit des gargouilles, formant une cascade magnifique.

Die drachenkopfförmigen Steinschnitzereien des Postamens der drei Haupthallen dienen zur Entwässerung. Die drei Haupthallen liegen auf einem 8,13 m hohen Postament aus weißem Marmor. An seinen vier Ränden gibt es insgeamt 1142 solche Steinschnitzereien.

Testa di drago del canale di drenaggio della terrazza in marmo in cui si ergono il Palazzo dell'Armonia Suprema, il Palazzo dell'Armona Perfetta e il Palazzo dell'Armonia Preservata. A tre piani, la terrazza è alta 8,13 metri e decorata da 1.142 teste di drago montate nel canale di drenaggio.

Los desagües en el área de los tres palacios están construidos sobre una terraza de tres niveles de mármol blanco de 8,13 metros de alto. Un total de 1.142 desagües en forma de cabeza de dragón mostraban el maravilloso paisaje de mil dragones echando agua por sus bocas en lugar del mítico fuego.

Водоотводы в форме главы дракона на платформе Павильоны Тайхэдянь, Чжунхэдянь и Баохэдянь были построены на трехъярусных мраморных платформах, высотой в 8,13 м. На платформах всего 1142 водоотводов.

①

②

③

④

① ② 铜龟、铜鹤：大典时点香火的用具。
Bronze tortoise and crane, used to burn incense on
important occasions.
銅亀と銅鶴：式典を挙げるときに線香を立て
るための道具。
구리로 만든 거북과 선학：의식을 거행할 때 향
로 역할을 한다.
Tortues et grues en bronze, servant à brûler les encens
lors des grandes cérémonies.
Bronzeschildkrönten und Bronzekraniche vor der
Halle der Höchsten Harmonie
Tartaruga in bronzo e gru in bronzo, incensieri
impiegati durante la cerimonia.
Tortuga y grulla de cobre que se usaban para quemar
inciensos al celebrar ceremonias.
Медная черепаха, бронзовый журавль
Являются инструментами для зажигания
курительных свечей при церемонии.

③ 日晷：古代计时器
Solarium, an ancient chronometer
日晷：古代の日時計
일구（일晷）：고대의 해시계
Le cadran solaire, ancien chronomètre
Der Gnomon: Ein antikes astronomisches
Instrument (Sonnenuhr)
Meridiana, antico strumento per calcolare il tempo
Cuadrante empleado en la antigüedad para contar horas.
Жигуй: является древним хроноскопом

④ 嘉量：仿古代计量器
An ancient measuring device
嘉量：古代計量器具の複製品
가량（嘉量）：고대의 계량표준기
Récipient de mesure, jaugeur imitant l'antique.
Jialiang: Ein antikes Hohlmaß
Jialiang, antico strumento di misura
Imitación del medidor que utilizaban los antepasados chinos.
Цзялян: древний дозатор

⑤ 铜缸：消防用具
Bronze vat, used to contain water for putting out fires
銅缸：消防道具
구리로 된 물 항아리：소방용으로 사용된다.
Jarre à eau contre l'incendie.
Bauchige Wasserbehälter aus Bronze: Sie dienen
zum Feuerschutz.
Grande recipiente di bronzo impiegato per contenere
l'acqua piovana da usare in caso di incendi
Tinajas de bronce para la prevención de incendios.
Медный чан: пожарный инструмент

中和殿：皇帝在太和殿举行大典前，先在这里休息和做准备。

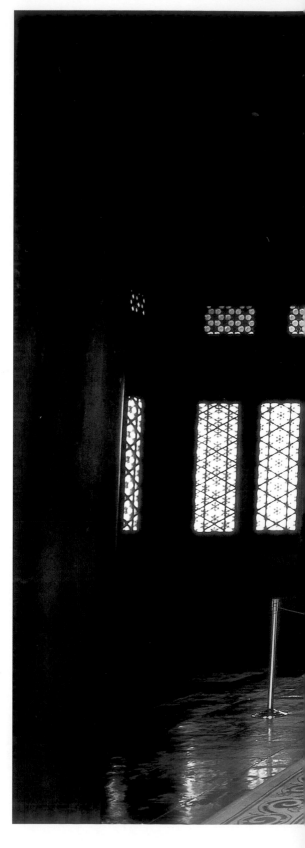

The Hall of Complete Harmony, where the emperor rested or prepared for grand ceremonies.

中和殿：皇帝が太和殿で挙げる式典に出る前は、こ こでしばらく休んで必要な準備を整える。

중화전 : 태화전에서 의식을 거행하기 전에 황제가 휴식 하고 의식을 준비하던 장소이다.

La Salle de l'Harmonie parfaite. L'empereur se reposait et se préparait avant de se rendre dans la Salle de l'Harmonie suprême pour présider une grande cérémonie.

Павильон Чжунхэдянь: До проведения церемоний в Тайхэдянь император здесь отдыхает.

Die Zhonghedian (Halle der Vollkommenen Harmonie): Bevor sich der Kaiser in die Thronhalle begab, ruhte er sich hier aus und empfing Zeremonienminister zur Audienz oder ließ die Zeremonien proben.

Il Palazzo dell'Armonia Perfetta: qui l'imperatore faceva gli ultimi preparativi prima di recarsi nel *Taihedian* (Palazzo dell'Armonia Suprema) per le grandi cerimonie

Palacio Zhonghe, lugar donde los emperadores descansaban y se preparaban antes de las ceremonias en el Palacio de la Armonía Suprema

保和殿：明代大典前，皇帝在此穿衣，戴冕。清代皇帝每年除夕在此宴请外藩，乾隆五十四年（1789年）起，全国科举殿试在此举行。

（英文）

The Hall of Preserving Harmony, where the emperors changed clothes before grand ceremonies during the Ming Dynasty. On the eve of the lunar New Year, the emperors of the Qing Dynasty feasted seigniors here. Starting in 1789, the 54th year of the reign of Emperor Qianlong, the hall was used for the imperial examinations.

（日文）

保和殿：明代では、大きな式典に出る前に皇帝はここで衣冠を整える。清代では、皇帝が毎年の大晦日にここで宴席を設けて外国の使節をもてなす。乾隆五十四年（1789年）から、全国科举試験の最高級試験—「殿試」はここで行われていた。

（韓文）

보화전 : 명나라 시기 의식을 거행하기 전에 황제가 예복을 바꿔입던 장소이다. 청나라 시기부터 매년 섣달그믐날의 연회가 열리던 곳이며 건륭 54 년 (1789 년) 부터는 과거 시험 장으로 이용되어 전시 (殿試) 을 행하던 장소이다.

（法文）

La Salle de l'Harmonie préservée. Sous les Ming, l'empereur changeait de vêtements et se mettait la couronne dans cette salle avant d'aller présider une grande cérémonie. Chaque année, à la veille du Nouvel An chinois, l'empereur des Qing y offrait un banquet aux gouverneurs militaires des marches frontières. A partir de l'An 54 du règne Qianlong (1789) de l'empereur Gaozong des Qing, les examens impériaux s'y passaient.

（德文）

Die Baohedian (Halle der Erhaltung der Harmonie): In der Ming-Zeit diente diese Halle als ein Umkleidungraum für den Kaiser. In der Qing-Zeit gab der Kaiser jedes Jahr zu Silvester hier den Fürsten und Herzögen Bankette. Seit dem 54. Regierungsjahr (1789) des Kaisers Qian Long wurden hier kaiserliche Prüfungen durchgeführt.

（意文）

Il Palazzo dell'Armonia Preservata: qui l'imperatore fu investito del suo titolo e fu incoronato in occasione della prima grande cerimonia della dinastia Ming. Durante la dinastia Qing era il luogo in cui l'imperatore offriva dei banchetti per i feudatori che giungevano a Pechino alla vigilia del Nuovo Anno. A partire dal 1789 si tennero gli esami di Stato di ultimo livello per la selezione dei mandarini.

（西文）

Palacio Baohe: antes de las ceremonias de la dinastía Ming, los emperadores se vestían y colocaban su gorro aquí. Durante la dinastía Qing, los monarcas ofrecían allí banquetes a los reyes, príncipes y gobernantes de otros imperios en la víspera del año nuevo lunar. A partir del año 54 de su mandato (1789), el emperador Qianlong lo destinó también para la celebración de los exámenes imperiales.

（俄文）

Павильон Баохэдянь: В Минской династии до проведения церемоний император здесь одевается и носит корону. В династии Цин накануне Нового года (по лунному календарю) император здесь приглашает гостей на банкет. С 1789 года здесь провелись государственные экзамены.

云龙阶石：（大石雕），位于保和殿后面的御路中央。是紫禁城内最大的一块精美的石雕。石雕长16.75米、宽3.07米、厚1.7米、约重200吨。石上精雕细琢9条腾飞的巨龙，出没于流云之间。

Stone stairway carved with dragons and clouds, which lies on the Imperial Pathway behind the Hall of Preserving Harmony. It is the largest and most exquisite stone carving in the Forbidden City. The stairway is 16.75 meters in length, 3.07 meters in width and 1.7 meters in thickness, and weighs about 200 tons. On it are carved nine dragons flying amidst clouds.

雲竜階石:(大きな石雕の段階)。保和殿裏の御路にある。紫禁城でも最大の1つの石でつくった美しい石彫。長さ16.75m、幅3.07m、厚さ1.7m、重さ約200t。雲間を飛び舞う9匹の竜が彫られている。

운룡계석 : 대석조 , 보화전 뒤 어로에 깔려 있다. 자금성 궁내 최대의 석조로 아주 정밀하다. 석조는 길이 16.75m, 폭이 3.07m , 두께 1.7m , 무게가 200ton 이다. 9마리의 반룡과 구름이 세겨져 있다.

La dalle d'escalier sculptée, située au milieu du passage impérial derrière la Salle de l'Harmonie préservée, est la plus grande sculpture sur pierre de la Cité interdite. Elle mesure 16,75 mètres de long, 3,07 mètres de large et 1,7 mètre d'épaisseur, pesant 200 tonnes. Sur cette dalle sont finement sculptés en bas-relief neuf dragons volant dans les nuages.

„9 Drachen in den Wolken" (das größte Steinrelief im Kaiserplast): Es handelt sich dabei um eine 16,75 m lange, 3,07 m breite, 1,70 m dicke und 200 t schwere Marmorpaltte hinter der Baohedian.

Lastra del drago dietro al Palazzo dell'Armonia Preservata. È la più grande lastra di marmo del Palazzo Imperiale: lunga 16,75 metri, larga 3, 07 metri, e spessa 1,7 m, pesa 200 tonnellate. Raffigura nove draghi che giocano in un fitto di nuvole, mentre in basso le onde lambiscono cinque vette.

Piedra de nubes y dragón que se encuentra en el camino imperial, tras el Palacio Baohe y es la mayor piedra esculpida en la Ciudad Prohibida. Tiene 16,75 metros de largo, 3,07 metros de ancho y 1,7 metros de espesor. Pesa 200 toneladas y en ella aparecen finamente tallados nueve dragones danzando entre las nubes.

Камень Юньлунцзеши Находится на императорской дороге за павильоном Баохэдянь. Является крупнейшей в Запретном городе и изысканной каменной резьбой. Длина резьбы составляет 16,75 м, ширина ее − 3,07 м, толщина − 1,7 м. Целая резьба весит около 200 тонн. На камне были вырезаны 9 летающих драконов.

内廷

内廷包括中路的乾清宫、交泰殿、坤宁宫及东西六宫等，亦称"后宫"。是皇帝处理日常政务和后妃、皇子们居住、游玩及奉神的地方。内廷的建筑精美，如亭台楼阁和御花园等皆集中在这一区域中。

Inner Court （英文）

The Inner Court, also called the Rear Palace, comprises the Palace of Heavenly Purity, the Palace of Union and Peace and the Palace of Earthly Tranquility, as well as six eastern and six western palaces. It was where the emperor handled administrative work, and imperial concubines and princes dwelled, relaxed and worshipped. The Inner Court features many exquisite buildings, including pavilions and towers in different styles.

内廷 （日文）

内廷は中路にある乾清宮、交泰殿、坤寧宮および東西六宮などを含み、またの名を「後宮」と称される。皇帝が日常政務をさばき、皇后や后妃と皇子たちが暮らし、遊びと焼香するところである。多くの美しい亭台楼閣をもつ皇室庭園－御花園はここにある。

내정 （韩义）

내정(内廷)은 황제가 정무를 처리하고 황후나 궁녀들과 일상생활을 하던 곳으로 건청궁, 교태전, 곤녕궁과 동서륙궁으로 나뉘는데 "후궁"이라고도 불린다. 건축이 정교하고 여러 저각과 어화원 등이 이 구역에 집중되어 있다.

La cour intérieure （法文）

Connue aussi sous le nom du "Palais de derrière", la cour intérieure qui comprend le Palais de la Pureté céleste (Qianqinggong), la Salle de l'Union (Jiaotaidian) et le Palais de la Tranquillité terrestre (Kunninggong) sur l'axe central, les Six Palais de l'est, les Six Palais de l'ouest ainsi que d'autres bâtiments, était le lieu où l'empereur expédiait les affaires politiques courantes et servait également à l'impératrice, aux favorites et aux fils de l'empereur de lieu d'habitation, de distraction et du culte des dieux. Les constructions de la cour intérieure sont très belles avec les kiosques, les pavillons, les terrasses et le Jardin impérial qui s'y réunissent.

Der Innenhof （德文）

Der Innenhof mit den drei Hauptpalästen Qianqinggong (Palast der Himmlischen Reinheit), Jiaotaidian (Halle der Berührung von Himmel und Erde) und Kunninggong (Palast der Irdischen Ruhe) als Mittelpunkt liegt hinter dem Außenhof. Zu seinen anderen Bauten gehören die sechs östlichen und die sechs weslichen Paläste sowie der Palastgarten. Hier lebte der Kaiser zusammen mit seinen Familienmitgliedern und erledigte laufende Staatsangelegenheiten.

La Corte Interna （意文）

Chiamato anche Corte Posteriore, comprende il Palazzo della Purezza Celeste, il Palazzo della Grande Unione, il Palazzo della Tranquilità Terrena, i Sei Palazzi dell'Ovest e i Sei Palazzi dell'Est. Era il luogo in cui gli imperatori trattavano gli affari statali e la residenza della famiglia imperiale dove abitavano imperatrice, concubine, principe e principesse. In questa parte si trovano la costruzione delicata di padiglione, palazzi e giardino imperiale.

Corte Interior （西文）

La Corte Interior, también llamada "Palacio Posterior", abarca los palacios Qianqing, Jiaotai y Kunning, así como los seis palacios del Este y el Oeste. Era el lugar donde el emperador arreglaba los asuntos gubernamentales y vivían sus concubinas e hijos, además de ser sitio de veneración a los dioses. Se caracteriza por el exquisito estilo de su arquitectura. Los quioscos, pabellones y el jardín imperial se encuentran en esa área.

Внутренние резиденции （俄文）

Внутренние резиденции включают павильоны Цяньцингун, Цзяотайдянь, Куньнингун и другие 6 павильонов, где император занимается государственными делами, императрица, наложницы императора, принцы и принцессы живут, играют и приносят жертву богу. Нужно отметить, императорский сад именно находится во внутренних резиденциях.

乾清门：内廷中路正门
The Gate of Heavenly Purity, the front entrance to the middle route of the Inner Court
乾清門：内廷中路の正門
건청문：내정으로 통하는 정문
La porte de la Pureté céleste, entrée centrale de la cour intérieure.
Das Qianqingmen-Tor: Es ist der Haupteingang des Innenhofes.
La Porta della Purezza Celeste è l'ingresso principale della parte centrale della Corte Interna
Puerta Qianqing, principal acceso del camino central de la corte interior.
Ворота Цяньцинмэнь: Являются парадными воротами к центральной дороге внутренних резиденций.

乾清门广场东边的景运门
The Gate of Prospering Luck to the east of the Gate of Heavenly Purity
乾清門広場東の景運門
건청문광장 동쪽의 경운문
La porte Jingyun à l'est de l'esplanade de la Porte de la Pureté céleste.
Das Jingyunmen-Tor im Osten des Qianqingmen-Platzes
La Porta *Jingyun* a est della piazza della Porta della Purezza Celeste
Puerta Dongjingyun en la plaza de la puerta Qianqing.
Ворота Цзинъюньмэнь на востоке площади Цяньцинмэнь

军机处：1729年清朝雍正皇帝在乾清门外西侧设军机处，选重臣常日职守、随时听候召见，以议决军国要务。

The Department of Military Affairs set up by Qing Emperor Yongzheng outside the Gate of Heavenly Purity in 1729. （英文）

軍機处：1729年、清の雍正帝は軍機要務の相談をするために、乾清門外西側に軍機处を設け、重臣を選んで一日じゅう宿直させた。（日文）

군기처：1729년 옹정제는 건청문 바깥의 서쪽에 군기처를 설치하였다. 별도로 황제 측근의 대신들을 두고 수시로 황제의 자문에 응하고 국가의 군사와 정치적인 중요한 사항을 처리하였다. （韓文）

Siège du Grand Conseil d'Etat. En 1729, l'empereur Yongzheng des Qing mit en place le bureau du Grand Conseil d'Etat du côté ouest en dehors de la porte de la Pureté céleste. Les membres de ce conseil composé de ministres importants y restaient pendant toute la journée pour s'apprêter à l'audience de l'empereur pour discuter des affaires d'Etat et militaires et prendre sur-le-champ des décisions. （法文）

Junjichu: Es handelt sich dabei um eine militärische Dienststelle im Westen des Qianqingmen-Tors. Sie wurde im Jahre 1729 auf Befehl des Qing-Kaisers Yong Zheng eingerichtet. Alle Diensthabenden waren hohe Beamte der Qing-Regierung. （西文）

Il *Junjichu* fu istituito dall'imperatore Yongzhen nel 1729 a ovest della Porta della Purezza Celeste: qui si trattavano le questioni di Stato （意文）

Departamento militar: En el año 1729, el emperador Yongzheng, de la dinastía Qing, ordenó establecer el departamento militar al oeste fuera de la puerta Qianqing y los funcionarios seleccionados aguardaban en ese lugar la llamada del emperador, para analizar los asuntos marciales. （德文）

Цзюньцзичу (Военный совет): В 1729 году цинский император Юнчжэнь установил Цзюньцзичу на западе от ворот Цяньцинмэнь. Главные министры были введены в этот совет. Они дежурят по дням, ждая аудиенцию в любое время для обсуждения военных и государственных дел. （俄文）

乾清门广场西侧的隆宗门
The Gate of Prospering Ancestors to the west of the Gate of Heavenly Purity
乾清門広場西の隆宗門
건청문광장 서쪽의 융종문
La porte Longzong à l'ouest de l'esplanade de la Porte de la Pureté céleste.
Das Longzongmen-Tor im Westen des Qianqingmen-Platzes
La Porta *Longzong* a ovest del piazzale della Porta della Purezza Celeste
Puerta Xilongzong en la plaza de la puerta Qianqing.
Ворота Лунцзунмэнь на западе площади Цянцинмэнь

江山社稷亭：位于乾清宫两侧，在汉白玉底座上设微型鎏金宫殿，左侧为社稷、右侧为江山，是为政权的象征。

The Pavilions of Territory and Sovereignty are two small gilded palaces with marble foundations on either side of the Palace of Heavenly Purity. The left one is called the Pavilion of Territory and the right one the Pavilion of Sovereignty, together symbolizing the imperial dignity.

江山社稷亭：乾清宮の西側にある。漢白玉石の基礎の上に金メッキしたミニ宮殿が安置された。左側を社稷とし、右側を江山（国土）とする。政権を象徴するもの。

강산사직정：건청궁 양쪽에 위치해 있으며 한백옥 기반 위에 설치된 금을 도금한 소형 궁전이다. 외쪽에 사직(社稷)이 배치되어 있고 오른쪽에 강산(江山)이 배치되어 있는데 정권을 상징한다.

乾清宫：后三宫的第一殿，内廷正殿，是皇帝的寝宫和处理政务的处所。

The Palace of Heavenly Purity, the main building of the Inner Court, was where the emperors dwelled and handled political affairs.

Le Palais de la Pureté céleste, premier des Trois Palais de derrière et édifice principal de la cour intérieure, servait de demeure à l'empereur. D'ordinaire, l'empereur y expédiait les affaires politiques courantes.

Les Kiosques de l'Etat et des Moissons des deux côtés du Palais de la Pureté céleste. Sur une terrasse de chaque côté fut bâti un petit pavillon doré. Celui de gauche est le Kiosque des Moissons (Shejiting : kiosque des Génies du sol et des céréales) et celui de droite, le Kiosque de l'Etat (Jiangshanting : kiosque des Rivières et des Monts, signifiant le pays), symbolisant le pouvoir.

Jiangshan Sheji Ting: Es handelt sich dabei um zwei vergoldete Bronzepavillons an den beiden Seiten des Qianqing-Palastes. Sie symbolisieren die Macht des Kaisers. Jeder Pavilon liegt auf einem Marmorsockel.

I Padiglioni *Jiangshan* e *Sheji* situati su una terrazza di marmo bianco ai due parti del Palazzo della Purezza Celeste, avevano coperture dorate: quello a sinistra si chiama *Sheji*, l'altro a destra si chiama *Jiangshan*, simboli del potere

Quiosco del Estado, a ambos lados del Palacio Qianqing. Sobre la base de mármol blanco del fondo se instala el mini palacio dorado. A la izquierda están el cielo y la Tierra, y a la derecha, ríos y montañas, símbolos de poder.

Беседки Цзяншань и Шецзи: Находятся на обеих сторонах павильона Цяньцингун. На мраморном постаменте были установлены миниатюрные позолоченные дворцы. Беседка Цзяншань находится на востоке, а Шецзи – на западе. Обе беседки являются символом власти.

乾清宮：「裏3宮殿」のはじめての殿。内廷の本殿は、皇帝の寝室兼政務処理場である。

건청궁：내정의 첫 궁전으로서 명，청시기 황제의 침실이며 또한 일상 정무를 처리하던 전당이다.

Der Qianqinggong (Palast der Himmlischen Reinheit): Er ist der erste der drei Hauptpakäste im Innenhof. Der Kaiser lebte hier und erledigte laufende Staatsangelegenheiten.

Il Palazzo della Purezza Celeste, primo e maggiore dei tre palazzi della corte posteriore, era la dimora dell'imperatore e il luogo in cui trattava gli affari di stato

El Palacio Qianqing es el primero y más importante de los tres que integran la corte interior. Era el sitio donde vivían y arreglaban los asuntos los emperadores

Павильон Цяньцингун: Является главным павильоном внутренних резиденций и императорской спальной. Здесь занимается император государственными делами.

乾清宫内景：（"正大光明"匾），自雍正皇帝始，清代采用秘密建储的方法，将选定的储君名字写在纸上放在建储匣中，安放在"正大光明"匾后，皇帝去世后，由大臣启封宣布。

The plaque bearing the inscription "Justice and Honor" inside the Palace of Heavenly Purity. Starting from Emperor Yongzheng, emperors used to hide a sheet of paper with the name of crown prince in an iron case behind the plaque. After the emperor died, officials would open the case and declare the succession.

乾清宮の内部景色：（扁額「正大光明」）。清代は雍正帝から、秘密裏に皇太子を指定するやり方をとった。これはつまり指定した皇子の名前を紙に書いて、「建貯匣」と呼ばれる箱の中に納めて、扁額「正大光明」の裏に置いて保管する。皇帝がこの世を去った後、大臣によりこれを開封して公開するというのである。

건청궁 내부：（"정대광명" 액자），옹정제부터 황태자의 이름을 써서 건청궁(乾清宮)의 정대광명 액자 뒤에 숨겨두고 내무부(內務府)에 밀지(密旨)를 두었다가 황제가 죽은 후에 개봉하여 밀지와 실물을 맞추는 태자밀건법(太子密建法)을 실시하였다.

Une vue interne du Palais de la Pureté céleste (Tablette de la Droiture et de la Loyauté). Depuis le règne Yongzheng, la cour des Qing appliquait la méthode de choix en secret du prince héritier. On mettait le boîtier contenant une feuille de papier portant le nom du prince héritier choisi derrière cette tablette horizontale. Après le décès de l'empereur, les ministres ouvraient le boîtier et annonçaient le nom du prince héritier.

Innenansicht des Palastes der Himmlischen Reinheit: Die horizontale Tafel mit der Inschrift „Zhengda Guangming" (Offenheit und Ehrlichkeit) hängt über der Hinterwand dieses Plastes. Seit der Herrschaft des Kaisers Yong Zheng wurde der Kronprinz heimlich bestimmt. Die Liste des zukünftigen Kaisers wurde hinter dieser Tafel versteckt und erst nach dem Tod des Kaisers bekanntgegeben.

Interno del Palazzo della Purezza Celeste: all'interno del palazzo, sopra il trono si possono ammirare gli ideogrammi *zheng da guang ming*, che si riferisce al sovrano retto che si illumini. La tradizione vuole che a partire dal periodo di governo di Yongzheng, dietro questa lastra si celasse un nascondiglio in cui l'impeatore poneva il proprio testamento recante il nome del successore designato.

Escena interior del Palacio Qianqing, emblema de "la sinceridad y la rectitud". A partir del mandato del emperador Yongzheng, la dinastía Qing aplicó el nombramiento del heredero del trono de forma secreta. El soberano escribía el nombre de su sucesor en un papel y lo ponía en una caja especialmente para este uso, que después colocaba tras este emblema. Cuando moría el gobernante, un funcionario lo abría y promulgaba el nombre del sucesor.

Внутри Цяньцингун: (доска с надписью «уважительность и справедливость») С императора Юнчжэн в Цинской династии стало секретно определить наследника престола. Написать имя выбранного наследника на бумаге, которую положить в шкатулку, потом положить эту шкатулку за доской. После смерти императора, министр может открыть ее и объявить о имени наследника.

交泰殿内景：殿中所藏25方印玺，是1748年乾隆皇帝选定的。交泰殿内东西两侧分置中西计时器，分别为自鸣钟和滴漏。

The Palace of Union and Peace housed 25 pieces of imperial seals chosen by Emperor Qianlong in 1748. In the east and west of the hall are respectively placed a bronze clepsydra and a chime clock. （英文）

交泰殿の内部景色：殿内に保管されている25の玉璽は1748年、乾隆帝により選定されたもの。交泰殿内東西両側に置かれた時計は、それぞれ自鳴鐘と銅滴漏である。（日文）

교태전 내부 : 1948 년, 건륭황제는 황권의 상징인 25 개의 옥새를 여기에 보관하였다. 교태전의 동서 양쪽에는 중국과 서방의 시계를 대표하는 자명종과 물시계를 배치하였다. （韩文）

Une vue interne de la Salle de l'Union (Jiaotaidian). Les 25 sceaux impériaux conservés dans ce palais fut choisis en 1748 par l'empereur Qianlong. Des deux côtés à l'intérieur de ce palais sont symétriquement disposés les deux chronomètres occidental et chinois : une horloge à sonnerie et une clepsydre de bronze. （法文）

Innenansicht der Jiaotaidian: In dieser Halle werden heute noch 25 kaiserliche Siegel aus Jade aufbewahrt, die im Jahre 1748 vom Kaiser Qian Long gewählt wurden. （德文）

Interno del Palazzo della Grande Unione. Qui sono presenti venticinque sigilli imperiali di epoca Qing scelti personalmente dall'imperatore Qianlong nel 1748. Nella parte orientale e occidentale del palazzo si trovano rispettivamente un orologio con carillon e un orologio in bronzo ad acqua （意文）

Interior del Palacio Jiaotai, donde se conservan 25 sellos rectangulares seleccionados por el emperador Qianlong, en 1748. Los contadores de horas de los lados Este y Oeste de la edificación son el reloj automático y la clepsidra, respectivamente. （西文）

Внутри Цзяотайдянь: Здесь хранятся 25 печатей императора, которые выбрал император Цяньлун в 1748 году. На западе и востоке павильона помещены китайский и западный хроноскопы − медный чайник и часы с боем. （俄文）

交泰殿内自鸣钟
A chime clock in the Palace of Union and Peace
交泰殿内の自鳴鐘
교태전 내부의 자명종
L'horloge à sonnerie dans la Salle de l'Union.
Eine große Tischuhr im europäischen Stil in der Jiaotaidian (Halle der berührung von Himmel und Erde)
Orologio con carillon nel Palazzo della Grande Unione
Reloj del Palacio Jiaotai que tocaba automáticamente.
Часы с боем в павильоне Цзяотайдянь

交泰殿内铜壶滴漏
A bronze clepsydra in the Palace of Union and Peace
交泰殿内の時計―銅滴漏
교태전 내부의 구리로 만든 물시계
La clepsydre de bronze dans la Salle de l'Union.
Tong Hu Di Lou: Es handelt sich dabei um eine antike chinesische Wasseruhr in der Jiaotaidian.
Orologio in bronzo ad acqua nel Palazzo della Gande Unione
Clepsidra de bronce en el Palacio Jiaotai.
Медный чайник, использованный как хроноскоп

坤宁宫内景：这里是清代帝后新婚的洞房。

The Palace of Earthly Tranquility served as the bridal chamber for emperors and empresses during the Qing Dynasty.
坤寧宮の内部景色：清代皇帝の新婚部屋。
곤녕궁 내부：청나라 황제가 신혼의 밤을 치른 방이다.
Une vue interne du Palais de la Tranquillité terrestre (Kunninggong). Ce palais servait de chambre nuptiale à l'empereur et à l'impératrice.
Innenansicht des Kunninggong (Palast der Irdischen Ruhe): Dieser Palast diente als Brautgemach für das Kaiserehepaar.
Interno del Palazzo della Tranquilità Terrena fungeva da camera nuziale dell'imperatore durante la dinastia Qing
Interior del Palacio Kunning, casa nupcial de los emperadores de la dinastía Qing.
Внутри Куньнингун: Павильон является спальной новобрачных императора и императриц в Цинской династии.

喜床与百子帐：帝后新婚的喜床，及悬挂在喜床上的彩绣纱帐，上绣一百个童子，寓意皇帝子嗣昌盛。

Bridal Bed and 100-Children Curtain: The curtain over the bridal bed is embroidered with patterns of 100 children, which symbolizes the hope for many descendents. （英文）

「喜床」と「百子帳面」：皇帝結婚時に使ったベッドと100人の子供を刺繍したテント。子々孫々繁栄していくことのたとえ。（日文）

신혼 침대와 백자커튼：황제가 신혼의 밤을 치루는 침대와 침대위에 걸치는 채색 커튼, 침대 커튼에는 귀여운 동자들의 그림을 수놓았는데 황제가 결혼 후 자식 복이 많아 후계자가 태어 나기를 기원하는 뜻이다. （韩文）

Le lit nuptial et la tente. Sur la tente de gaze ont été brodés cent enfants avec du fil de couleur, symbolisant la nombreuse progéniture de l'empereur et de l'impératrice. （法文）

Das Brautbett mit dem Seidenvorhang, mit hundert Kinderfiguren verziert （德文）

Letto nuziale e baldacchino decorato con motivi ricamati augurali dei cento bimbi （意文）

Cama nupcial y tela de seda con cien niños dibujados, que significaban el deseo de que los esposos tuvieran una gran descendencia después de haber contraído nupcias. （西文）

Кровать радости и полог ста детей: Кровать радости для новобрачных императора и его жены. Шелковый полог над кроватью с изображением ста детей символизирует многочисленное потомство императора. （俄文）

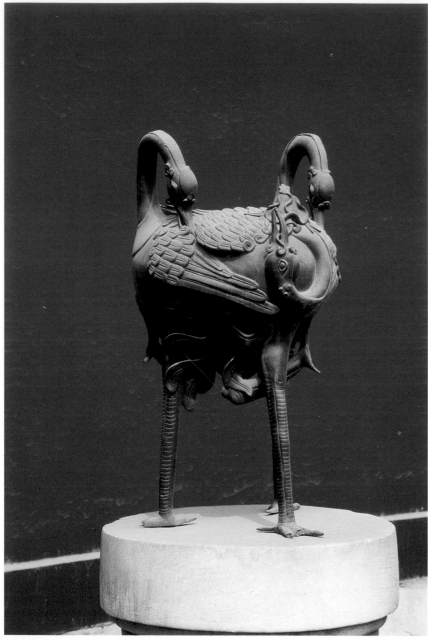

养心门前三友鹤香炉
Crane-shaped incense burner in front of the Gate of Mental Cultivation
養心門前の三友鶴香炉
양심문 앞의 학 향로
Le brûle-encens en forme de grues devant la porte de la Nourriture de l'esprit.
Weihrauchbehälter in Form eines Kraniches vor dem Yangxinmen-Tor
Incensiere a forma di gru davanti alla *Yangxingmen*, Porta del Perfezionamento dello Spirito
Incensario de grulla frente a la puerta Yangxin.
Курильница в форме журавли перед воротами Янсиньмэн

养心门前的玉璧
Jade screen in front of the Gate of Mental Cultivation
養心門前の目隠し壁ー玉璧
양심문 앞의 옥
Disque de jade de la porte de la Nourriture de l'esprit.
Abschirmungswand aus Jade vor dem Yangxinmen-Tor
Muro di giada di fronte alla *Yangxingmen*, Porta del Perfezionamento dello Spirito
Pared de jade frente a la puerta Yangxin.
Круглая плоская яшма перед воротами Янсиньмэнь

养心门：养心殿院落正门
The Gate of Mental Cultivation, the front entrance to the Hall of Mental Cultivation
養心門：養心殿の庭に入る正門
양심문 : 양심전으로 들어가는 정문이다.
La porte de la Nourriture de l'esprit, entrée principale du Palais de la Nourriture de l'esprit.
Das Yangxinmen-Tor: Es ist der Haupteingang der Yangxindian (Halle zur Bildung der Gefühle).
La *Yangxinmen*, la porta principale della Corte *Yangxindian*, il Palazzo del Perfezionamento dello Spirito
La Puerta Yangxin es la principal del patio del Palacio homónimo.
Ворота Янсиньмэнь: Являются парадными воротами павильона Янсиньдянь

45

养心殿正殿，自雍正皇帝始，这里成为皇帝召见大臣议事的地方。

The Hall of Mental Cultivation, where emperors gave audiences to officials from the reign of Qing Emperor Yongzheng.

養心殿の本殿。雍正帝から、ここは皇帝が大臣を引見して議事するところとなった。

양심전 정전, 옹정제부터 황제가 대신들을 소견하여 정무를 처리하던 곳이다.

La salle principale du Palais de la Nourriture de l'esprit. A partir du règne de l'empereur Yongzheng, ce palais devint le lieu où l'empereur donnait l'audience aux ministres.

Die Haupthalle der Yangxindian: Seit der Regierungsperiode des Kaisers Yong Zheng wohnten die Kaiser in dieser Halle und erledigten Staatsangelegenheiten.

Sala principale del Palazzo del Perfezionamento dello Spirito. A partire dal regno dell'imperatore Yongzheng, questo divenne il luogo in cui l'imperatore trattava gli affari di Stato e si consultava con i massimi funzionari.

Edificio principal del Palacio Yangxin, que a partir del emperador Yongzheng sirvió para las entrevistas con los funcionarios y la discusión de los asuntos del Gobierno.

Главный зал Янсиньдянь: С императора Юнчжэн этот зал стал местом, где император дает аудиенции министрам и с ними обсуждает государственные дела.

养心殿东暖阁：内设前后两个宝座，中以纱帘相隔，是清代慈禧太后垂帘听政时的原状。

The east chamber of the Hall of Mental Cultivation: There are two thrones separated with a gauge curtain, and the hall remains the same as its original when Empress Dowager Cixi reigned behind the curtain.

養心殿の東暖閣：前後におかれた二つの玉座は御簾(みす)で仕切られる。清の慈禧太后(西太后)が御簾を垂れてその奥で奏上を聞いた当時の様子である。

양심전 동난각 : 내부의 앞뒤에는 각각 두 개의 보좌가 설치되어 있는데 청대의 자희태후가 수렴청정하던 그대로 배치한 것이다.

Le Pavillon de la Tiédeur de l'Est (Dongnuange) du Palais de la Nourriture de l'esprit. Dans ce pavillon sont disposés deux trônes l'un derrière l'autre, séparés par un rideau de gaze. Sous les Qing, l'impératrice douairière Cixi y assistait au Conseil derrière ce rideau.

Der östliche Flügel der Yangxindian: Die Kaiserinwitwe Ci Xi erledigte hier die Staatsgeschäfte „hinter dem Vorhang".

La Sala del Calore Orientale del Palazzo del Perfezionamento dello Spirito. I due troni sono separati da una tenda dietro alla quale l'imperatrice Cixi esercitava il proprio potere.

Pabellón Dongnuan (del Calor del Este) del Palacio Yangxin. En su estado original se aprecian dentro de él dos tronos separados por una cortina, tras la cual la emperatriz madre Cixi, de la dinastía Qing, asistía al consejo presidido por el emperador.

Кабинет Дуннуаньгэ: Здесь помещены одной за другой две короны, которые отделяет шелковый занавес. Таким образом, проходило регентство вдовствующей императрицы Цы Си.

Le portrait de l'empereur Yongzheng. L'empereur Shizong, Yin Zhen (1678 – 1735), quatrième fils de l'empereur Kangxi, était le troisième empereur après la pénétration des troupes des Qing à l'intérieur de la passe Shanhaiguan. Il monta sur le trône en 1722 et la période de son règne porte le nom de Yongzheng. L'empereur Yongzheng régna pendant 13 années au cours desquelles il consacra toute son énergie à bien gouverner le pays et à développer la production, jetant les solides fondements de l'époque de prospérité du règne de l'empereur Qianlong.

Porträt von dem Kaiser Yong Zheng: Yong Zheng hieß Yin Zhen. Er war der vierte Sohn des Kaisers Kang Xi. Im Jahre 1722 bestieg er den Kaiserthron. Während seiner 13 Jahre dauernden Regierungsperiode hat er alle Kraft zusammengenommen, um das Land zur Blüte zu bringen.

Ritratto dell'imperatore Yongzheng (1678-1735), il cui nome era Yinzheng, quarto figlio dell'imperatore Kangxi, terzo imperatore della dinastia Qing. Salì al trono nel 1772 e prese il nome del regno di Yongzheng, e morì dopo 13 anni di regno.

Dibujo del emperador Yongzheng, llamado Yinzhen (1678—1735), cuarto hijo de Kangxi y tercer emperador tras la penetración a las planicies centrales. Asumió el trono en 1722 con el título de Yongzheng. Durante sus 13 años de dominio, promovió el desarrollo de la producción y sentó firmes bases para la prosperidad de su sucesor, Qianlong.

Портрет императора Юнчжэн: Личное имя его – Инчжэн. Юнчжэн является четвертым сыном императора Канси, третьим императором династии Цин. В 1722 году он вступил на трон, девиз его – Юнчжэн. В течение 13 лет правления он отдал свои силы, чтобы добиться процветания страны, и заложил мощную базу для эпохи расцвета Цяньлун.

雍正皇帝像(1678－1735年)：名胤禛，康熙皇帝第四子，清入关后第三代皇帝。1722年继位，年号雍正。在位13年，励精图治，发展生产，为乾隆盛世奠定了基础。

A portrait of Emperor Yongzheng (1678-1735), the fourth son of Emperor Kangxi and the third Qing emperor to rule over China. He ascended the throne in 1722. During his reign of 13 years, he worked hard to develop the country's economy and laid foundation for the peace and prosperity during the reign of Emperor Qianlong.

雍正帝像：(1678-1735)。雍正は、名は胤禛とし、康熙帝の四子で、清が山海関以南の地に入ってからの3代目の皇帝である。1722年に位を継いで年号を雍正とした。在位の13年、精励して国をよく治めようとして生産を発展し、乾隆盛世を実現するためにしっかりした基礎を打ち立てた。

养心殿西暖阁，也名"亲政亲贤殿"，皇帝在此召见军机大臣、批阅奏章。

The west chamber of the Hall of Mental Cultivation, also called the Hall of Personal Reign and Wisdom, where emperors met cabinet members and read proposals submitted by officials.

養心殿の西暖閣。またの名を「親政賢殿」と称される。皇帝が軍機大臣を引見し、上奏文に目を通し指示を下すところである。

양심전 서난각，"친정친현전"이라고도 하는데 황제가 군기대신을 접견하며 결재를 행하는 곳이다.

Le Pavillon de la Tiédeur de l'Ouest (Xinuange) est appelé aussi le "Palais du Gouvernement personnel et de la Confiance en hommes de talent". L'empereur y recevait les membres du Grand Conseil et annotait les rapports des ministres.

Der westliche Flügel der Yangxindian. Hier empfing der Kaiser seine Minister und erledigte Staatsangelegenheiten.

La sala del Calore Occidentale del Palazzo del Perfezionamento dello Spirito, dove l'imperatore incontrava i generali e trattava gli affari di stato

Pabellón Xinuan (del Calor del Oeste), en el Palacio Yangxin, también conocido como "Palacio de Gobierno del país". Era el sitio donde el emperador convocaba a los funcionarios militares y leía y hacía anotaciones en los memorandum.

Кабинет Синуаньгэ: Здесь император дает аудиенции военным министрам и рассматривает доклады на высочайшее имя.

三希堂：是皇帝的书斋，乾隆皇帝将晋代书法家王羲之的《快雪时晴帖》、王献之的《中秋帖》和王珣的《伯远帖》收藏于此，故名"三希堂"。

The Hall of Three Rarities served as a study for emperors. Here, Emperor Qianlong preserved three masterpieces by noted calligraphers Wang Xizhi, Wang Xianzhi and Wang Xun, hence its name. (英文)

三希堂：皇帝の書斎である。乾隆帝が入手した晋代の書家・王羲之の『快雪時晴帖』、王献之の『中秋帖』と王珣の『伯遠帖』をここに保管していたことから「三希堂」の名がある。(日文)

삼희당：황제의 서재로서 건륭황제가 '세 가지 보물 (三希)'이라 부르는 진(晉)나라의 왕희지가 쓴 '쾌설시청첩(快雪時晴帖)'과 왕헌지(王獻之)의 '중추첩(中秋帖)' 그리고 왕순(王珣)의 '백원첩(伯遠帖)'을 소장해서 붙인 이름이다 (韓文)

La Salle des Trois Modèles d'écriture (Sanxitang) était le cabinet de travail de l'empereur. L'empereur Qianlong fit conserver l'estampage de la calligraphie « Sérénité après une neige fine » de Wang Xizhi, celui de la « Mi-automne » de Wang Xianzhi et celui de la calligraphie « Bo Yuan » de Wang Xun dans cette salle, d'où son nom. (法文)

Sanxitang: Es handelt sich dabei um eine Kammer im westlichen Flügel der Yangxindian, wo Kaiser Qian Long drei Schriftmuster von den bekannten Kalligrafen Wang Xizhi, Wang Xianzhi und Wang Xun aufbewahren ließ. (德文)

La stanza dei Tre Gioielli conserva opere dei famosi calligrafi Wang Xizhi, Wang Xianzhi e Wang Xun (意文)

Salón Sanxi (de Tres Cosas de Valor). era la biblioteca del emperador. Qianlong coleccionó el "Kuaixueshiqingtie" (Nieve Repentina y Buen Tiempo Inmediato), de Wang Xizhi, afamado calígrafo de la dinastía Jin, "Zhongqiutie" (de Medio Otoño), de Wang Xianzhi, y "Boyuantie", de Wang Xun, y los conservó aquí. (Tie es el libro que contiene los modelos de escritura o pintura), de ahí su nombre. (西文)

Саньситан: Является императорским кабинетом, где император Цяньлун хранил вещи известных каллиграфов в династии Цзинь – Ван Сичжи, Ван Сяньчжи (сын Ван Сичжи) и Вансюнь. (俄文)

宫藏珊瑚盆景
A coral bonsai in the Forbidden City
故宫所蔵の珊瑚盆栽
궁전에서 소장한 산호
Paysage en miniature aux coraux conservé dans la Salle Sanxitang.
Kunstwerk aus Korallen
Corallo conservato nel Palazzo imperiale
Panorama del coral coleccionado en la corte.
Коралл, храненный в Запретном городе

文房四宝
The Four Treasures of the Study
「文房四宝」と呼ばれる紙、筆、墨と硯
문방사보
Les quatre trésors du cabinet de travail : papier, pinceau, encre et encrier.
Die vier Schreibutensilien
Strumenti di calligrafia: inchiostro compatto, pennello, carta e calamaio
Cuatro tesoros del escritorio.
Четыре драгоценности кабинета (кисть, китайская тушь, сюаньчжи (лучший сорт бумаги из провинции Аньхой) и тушечница)

养心殿后殿东里间
A room in the rear of the Hall of Mental Cultivation
養心殿裏の寝宮：寝室と連なった外間はリビングルームである。
양신전 후전 침궁：침실 바깥쪽은 거실로 사용하였다.
La salle de derrière du Palais de la Nourriture de l'esprit servait à l'empereur
de palais résidentiel. La pièce externe de la chambre à coucher servait de salle de séjour.
Schlafgemäch und Wohnzimmer hinter der Yangxindian
Camera da letto del Palazzo Posteriore nel Palazzo del Perfezionamento dello Spirito
Morada del edificio posterior del Palacio Yangxin. La habitación exterior del dormitorio era el cuarto de estar.
Восточная комната в задней части павильона Янсиньдянь

宫中藏钟表。
Clocks housed in the Forbidden City
故宮所蔵の時計
궁중에서 소장한 시계
Horloges conservées dans le Palais du Printemps
éternel.
Tischuhren Uhren, im Kaiserpalast aufbewahrt
Orologi da collezione nel Palazzo Imperiale
Colección de relojes de la corte.
Часыб храненные в Запретном городе городе

54

储秀宫外景：西六宫之一，后妃居所，最为有名的是慈禧太后(1835－1908 年)在此居住多年。

The Palace of Gathering Excellence, one of the six western palaces, served as a residence for imperial concubines. Empress Dowager Cixi (1835-1908) lived here for many years.

貯秀宮の外部風景：貯秀宮は西六宮の１つ。后妃の居所で、有名になった原因は、かの西太后(1835-1908)が長年住んでいたことにある。

저수궁 외부：서육궁의 하나로 후비들이 생활하는 곳이며 유명한 자희태후가 여기서 오래동안 생활하였다.

Vue extérieure du Palais de l'Elégance suprême (Chuxiugong). Un des Six Palais de l'ouest, le Palais de l'Elégance suprême était la demeure des impératrices et des concubines de l'empereur.

L'impératrice douairière Cixi y habita pendant plusieurs années.

Außenansicht des Chuxiu-Palastes: Im Chuxiu-Palast lebte die Kaiserinwitwe Ci Xi viele Jahre.

Veduta esterna del Palazzo dell'Eleganza Accumulata, uno dei Sei Palazzi dell'Ovest, residenza dell'imperatrice Cixi (1835-1908).

Exterior del Palacio Chuxiu (de las Elegancias Acumuladas): Área exterior del Palacio Chuxiu, uno de los seis palacios del Oeste y morada de las concubinas. La conocida emperatriz madre Cixi vivió aquí muchos años.

Вне павильона Чусюгун: Является одним из 6 западных павильонов и местом проживания наложниц императора. Нужно отметить, вдовствующая императрица Цы Си (1835-1908) здесь жила много лет.

储秀宫外的铜龙戏珠

A bronze dragon playing with a ball in the yard of the Palace of Gathering Excellence
储秀宫外にある銅竜戯珠
저수궁 밖에 있는 구슬을 가지고 노는 구리 용
Dragon de bronze jouant avec une perle devant le Palais de l'Elégance suprême
,,Bronzelöwe spielt mit einem Ball" vor dem Chuxiu-Palast
Un drago in bronzo che gioca con una Perla a fuori del Palazzo delle Eleganze Accumulate
Dragón de bronce exhibido fuera del Palacio Chuxiu
Игра медного дракона с жемчужиной во дворе Чусюгуна

储秀宫西里间陈设
Furniture inside the Palace of Gathering Excellence
故宫の調度品
저수궁의 진열품 진열품
Ameublement d'une pièce du Palais de l'Elégance suprême
Zimmereinrichtungen
Arredo del Palazzo delle Eleganze Accumulate
Muebles del palacio.
Обстановка в павильоне

慈禧太后像，（1835－1908 年）清咸丰之后，咸丰帝死后，立慈禧之子载淳为帝，即同治，年仅 6 岁。慈禧太后垂帘听政。同治帝 19 岁死于天花。慈禧立 4 岁的光绪帝继位继续垂帘听政，成为同治、光绪两朝的实际统治者。

A portrait of Empress Dowager Cixi (1835-1908). After Emperor Xianfeng died, six-year-old son of Cixi ascended the throne as Emperor Tongzhi, but Cixi was the real power behind the throne. At the age of 19, Emperor Tongzhi died of smallpox. With the support of Cixi, four-year-old Guangxu succeeded to the throne, and Cixi continued to rule.

慈禧太后（西太后）（1835～1908）像。清・咸豊帝が亡くなった後、皇帝として立てられた慈禧の実子・載淳（つまり同治帝）がわずか6 歳しかないため、慈禧太后は垂簾の政をはじめた。同治帝が19 歳のときに天然痘のために死んだ後、慈禧は 4 歳の光緒を帝として立て垂簾の政を続き、同治と光緒両朝の実際の統治者となった。

자희태후 ,（1835~1908）청나라 함풍제가 죽은 다음 당시 6 살나는 동치제(同治帝)가 6 세로 즉위하자 자희황태후(慈禧皇太后)로서 섭정하기 시작하였다. 동치제가 19 살에 죽은 뒤에는 조카인 당시 4 살인 광서제(光緒帝)를 내세워 섭정하였으며 동치, 광서 두 조대 정치상의 실권을 계속 장악하였다.

Portrait de l'impératrice douairière Cixi (1835 – 1908). Cixi était l'épouse de l'empereur Xianfeng des Qing. Après le décès de l'empereur Xianfeng, le fils Zai Chun de Cixi fut choisi comme successeur, connu sous le nom du règne Tongzhi. Il n'avait que six ans lorsqu'il succéda au trône. Alors, l'impératrice douairière Cixi assistait au Conseil derrière un rideau. A l'âge de 19 ans, l'empereur Tongzhi mourut de variole. Ayant choisi Guangxu, âgé alors de 4 ans, comme successeur de l'empereur Tongzhi, Cixi continuait à assister au Conseil derrière le rideau. Ainsi, l'impératrice Cixi devint régente réelle sous les règnes de l'empereur Tongzhi et de l'empereur Guangxu.

Porträt der Kaiserinwitwe Ci Xi (1835—1908): Ci Xi war die Hauptfrau des Kaisers Xian Feng. Nach dem Tod ihres Ehemanns bestieg ihr sechsjäriger Sohn Zai Chun als Kaiser Tong Zhi den Thron. Im Alter von 19 Jahren starb Tong Zhi an Pocken. Der vierjährige Guang Xu wurde zu seinem Nachfolger ernannt. Da diese beiden Kaiser noch zu jung waren, lag die Macht der Qing-Dynastie tatsächlich in der Hand Ci Xis. Sie leitete im östlichen Raum der Yangxindian die Staatsgeschäfte „hinter dem Vorhang".

Ritratto dell'imperatrice Cixi (1835 – 1908), dopo la morte dell'imperatore Xianfeng della dinastia Qing, il figlio di Cixi salì al trono quando aveva 6 anni e regnò nel periodo denominato di Tongzhi. Cixi esercitò il potere dietro le quinte. Dopo la morte dell'imperatore Tongzhi, Guangxu salì al trono alla tenera età di 4 anni e Cixi esercitò continuamente il potere dietro le quinte.

Dibujo de la emperatriz madre Cixi (1835-1908), esposa del emperador Xianfeng. Tras la muerte de este, el hijo de Cixi, Zaichun, de sólo seis años, fue nombrado emperador heredero con el título de Tongzhi. Cixi empezó a asistir, detrás de la cortina, al consejo presidido por su descendiente, que murió a los 19 años de viruelas. La soberana nombró entonces a Guangxu como emperador, cuando este apenas contaba 4 años. De esta forma se convirtió en la verdadera gobernadora de dos reinados, Tongzhi y Guangxu.

Портрет императрицы Цы Си (1835-1908): Цы Си – жена цинского императора Сяньфэн. После смерти Сяньфэна, сын Цы Си, Чжайчунь, девиз которого – Тунчжи, вступил на трон. Тогда ему только было 6 лет. В то время начало регентство вдовствующей императрицы Цы Си. На 19-м году жизни император Тунчжи скончался от вариолы. Императрица Цы Си определила 4-летнего Чжайтянь как император, девиз которого – Гуансюй, и продолжая свое регентство. В самом деле, Цы Си была настоящей правительницей при императорах Тунчжи и Гуансюй.

皇帝用膳时餐具的摆放形式
Tableware in the formation as the emperor was served
皇帝御膳の時の食具の並方
황제의 수락상 식기 배열
Arrangement du couvert lorsque l'empereur prenait un repas.
Esstisch mit Tafelgeschirr für Kaiser
La Posizione dei servizi da tavola al tavolo per l'imperatore
Cubiertus colocados según el orden
Расстановка посуды при обеде императора

储秀宫内景
Inside the Palace of Gathering Excellence
貯秀宮の内部風景
저수궁의 내부
Une vue de l'intérieur du Palais de l'Elégance suprême.
Innenansicht des Chuxiu-Palastes
Interno del Palazzo dell'Eleganza Accumulata
Escena interior del Palacio Chuxiu.
Внутри павильона Чусюгун

储秀宫东里间陈设：玉如意
Jade sculpture on display in the eastern chamber of the Palace of
Gathering Excellence
储秀宫東間の置物—玉如意
저수궁 동쪽 방의 진열품 – 옥여의
Talismans de jade dans le Palais de l'Elégance suprême
Ruyi, S-förmiges Glückssymbol aus Jade, im Chuxiu-Palast aufbewahrt
Portunata di giada nel Palazzo delle Eleganze Accnmulate
Adorno en jade expuesto en el Palacio Chuxiu
Нефритовый «жуи» (изогнутый жезл с резьбой или
инкрустацией) в восточной комнате Чусюйгуна

同治皇帝用过的金碗，金筷，金勺。
Golden bowl, chopsticks and spoon used by Emperor Tongzhi
同治帝が使っていた金の碗、箸と杓子
동치제가 사용했던 금으로 만든 식기
Bol, baguettes et cuillère en or utilisés par l'empereur Tongzhi
Tafelgeschirr, für den Kaiser Tong Zhi bestimmt
Un ciotolo, un cuchiaio e un paio di bastonchetto d'oro usati dall'imperatore Tongzhi
Cubiertos de oro utilizados por el emperador Tongzhi.
Золотая чаша, палочки и ложка, использованные императором Тунчжи

太极殿内景
Palace interior
太極殿内部風景
태극전 내부
Une vue intérieure de la salle Taiji
Innenansicht der Taiji-Halle
L'interno della Sala Taiji
Interior del Palacio Taiji
Внутри павильона Тайцзитянь

宫中陈设
Palace furniture
故宫の調度品
궁중 진열품
Ameublement dans la salle Taiji
Einrichtungen des Changchun-Palstes
Arredo del Palazzo Imperiale
Muebles del palacio
Обстановка в павильоне

雨花阁：是紫禁城中重要的佛堂，雨花阁三层阁楼，挺拔高耸，阁顶四角攒尖的屋脊上饰有四条金龙，璀璨醒目。阁内供奉藏传佛教佛像和法器。

（英文）
The Tower of Rain Flowers was reserved for worship the Buddha in the Forbidden City. The ridges on the roof of the three-storied tower are decorated with four golden dragons. The tower houses many statues and ritual appliances of Tibetan Buddhism.

（日文）
雨花閣：雨花閣は紫禁城にある大切な仏間で、3層からなっており、四隅の反り返った軒はそれぞれ1匹の金の竜で飾られている。閣内はチベット仏教の仏像と法器が供養されている。

（韩文）
우화각 : 우화각은 자금성중의 중요한 불당이다. 우화각은 3개의 각누로 되였는데 누각의 지붕에는 반짝이는 네마리의 금으로 만든 용이 장식되여 있다. 누각내에는 티베트에서 전해온 불상과 법기들을 모시고 있다.

（法文）
Le Pavillon de la Pluie et des Fleurs (Yuhuage) était l'importante salle de pratiques bouddhiques de la Cité interdite. Ce pavillon comprend un rez-de-chaussée et deux étages. Les faîtes relevés des quatre angles de la toiture de ce pavillon sont ornés de quatre dragons d'or éblouissants. Dans ce pavillon sont vénérés la statue de bouddha et le récipient de la Loi du bouddhisme tibétain.

（德文）
Der Yuhua-Pavillon: Es handelt sich dabei um den wichtigsten buddhistischen Sakralbau im Kaiserpalast. Hier werden Buddhafiguren und Kultgeräte aufbewahrt. Auf dem Dach dieses dreistöckigen Pavillons sieht man vier vergoldete Bronzedrachen.

（意文）
Il Padiglione della Pioggia e dei Fiori è una sala buddista importante del Palazzo Imperiale, composto da tre piani, i cui quattro angoli del tetto sono decorati da quattro draghi d'oro. Al suo interno si conservano statue buddhiste e strumenti musicali religiosi

（西文）
Pabellón Yuhua (de la Lluvia y de las Flores), importante salón de budismo en la Ciudad Prohibida. Tiene tres pisos y los caballetes de las cuatro esquinas están decorados con cuatro dragones dorados llamativos. Dentro del pabellón se veneran figuras de budas y otros íconos.

（俄文）
Терем Юйхуагэ: Является важной молельней в Запретном городе. Четыре угла трехэтажного терема украшены четырьмя золотыми и блестящими драконами. В тереме приносятся жертвы буддийским статуям тибетского буддизма и хранятся музыкальные инструменты для богослужения.

宫藏佛塔
A stupa in the palace
故宫所藏の仏塔
궁중에 있는 테베트불탑
Pagode bouddhique conservée dans le Palais impérial
Eine buddhistische Pagode, im Kaiserpalat aufbewahrt
Pagoda buddista conservata all'interno del Palazzo Imperiale
Torre budista de la corte.
Буддийская пагода в Запретном городе

御花园堆秀山：御花园为皇家后廷花园，面积小但布局结构精巧别致。堆秀山为怪石堆砌的假山，上设御景亭，每逢七夕、中秋节，帝后妃嫔在此登高赏景。

The Collecting Elegance Hill, an artificial rockery in the Imperial Garden. A rear garden of the Forbidden City, the Imperial Garden is compact but superbly designed. On top of the hill stands the Pavilion of Imperial View. Traditionally, on the Double Seventh Festival, Double Ninth Festival and Mid-Autumn Festival, the emperor and his concubines would climb the hill to enjoy the scenery.

御花園の堆秀山：御花園は皇室庭園で、面積こそ小さいがこじんまりしている。変な形の石を畳んでつくった築山の上には御景亭がある。毎年の七夕の日や重陽と中秋の日に、皇帝は后妃たちをつれて、ここに上って景色をめでる。

어화원 퇴수산(堆秀山)：어화원은 면적은 작지만 배열 구조가 정교롭고 기이하다. 퇴수산은 괴상한 모양의 돌로 쌓은 가짜 산인데 우에는 어경정(御景亭)을 세우고 매번 칠석이나 중양중추절이 되면 제후비빈(帝后妃嬪)들은 높은 곳에서 풍경을 구경하군 한다.

La Colline au spectacle ravissant (Duixiushan) du Jardin impérial. Il s'agit du jardin de derrière de la famille impériale. Malgré sa dimension modeste, il fut néanmoins remarquablement aménagé avec des sites ingénieusement disposés. La Colline au spectacle ravissant est effectivement une rocaille formée de pierres aux formes curieuses, sur laquelle repose le Kiosque du Spectacle impérial (Yujingting). Le 7e jour du 7e mois de lune, le 9e jour du 9e mois lunaire et la mi-automne de chaque année, l'empereur, l'impératrice et les concubines admiraient les beaux paysages en montant sur cette colline.

万春亭：御花园中有万春亭和千秋亭。万春亭上圆下方，形态优美。

In the Imperial Garden stand the Pavilion of Eternal Spring and the Pavilion of Eternal Autumn. The former has a round roof and a square foundation.

万春亭：御花園内は万春亭と千秋亭の2つの亭がある。万春亭は、「上は円く下は四角く」、とても美しい。

만춘정(萬春亭)：어화원에는 만춘정과 천추정(千秋亭)이 있다. 만춘정은 위가 둥글고 아래가 네모난데 형태가 우아하다.

Le Kiosque des Dix Mille Printemps (Wanchunting). Dans le Jardin impérial se dressent le Kiosque des Dix Mille Printemps et le Kiosque des Mille Automnes (Qianqiuting). Avec sa partie supérieure ronde et sa partie inférieure carrée, le Kiosque des Dix Mille Printemps impressionne par sa belle forme.

Der Wanchun-Pallon: Mit dem Qianqiu-Pavillon gehört er zu den zwei schönsten Pavillons im Palastgarten.

Il Padiglione dell'Eterna Primavera di forma rotonda in cima e di parte quadrata in basso, si trova all'interno del giardino Imperiale. (意文)

Quioso Wanchun (de Diez Mil Primaveras), en el jardín imperial, donde también se encuentra el Qianqiu (de Mil Otoños). El primero es un pabellón bello, redondo en su parte superior y rectangular en la parte inferior. (西文)

Беседка Ваньчуньтин: В императорском саду есть беседки Ваньчуньтин и Цяньцютин. Верхняя часть Ваньчуньтин кругла, а нижняя — квадратна. (俄文)

Der Duixiu-Berg im Palastgarten: Der Palastgarten, auch der Kaiserliche Blumengarten genannt, liegt im Norden des Kaiserplastes. Er ist nicht allzu groß, aber schön und ideal plaziert mit uralten Kiefern und Zypressen, Blumen und Bambus, künstlichen Felsanlagen, Lauben und Pavillons. Der Duixiu-Berg ist eine künstliche Felsanlage. Bei den Nachten des Qixi-Festes und des Mittelherbstfestes stiegen Kaiserin und Konkubinen auf diesen „Berg", um die schöne Nachtszene zu bewundern.

La Collina dell'Eleganza Accumulata nel Giardino Imperiale situtato nella Corte Posteriore, e che, nonostante non abbia una superficie estesa è però molto raffinato. La Collina dell'Eleganza Accumulata è artificiale fatta di rocce in cima a cui si erge il Padiglione Yujing da cui l'imperatore e imperatrice ammiravano il paesaggio durante la Festa di Mezz'autunno.

Colina Duixiu (de Excelencias Acumuladas), en el jardín imperial, un parque de la corte posterior que cubre una pequeña superficie, pero con exquisita estructura. La montaña es una colina artificial que acumula piedras de formas muy particulares. Encima de ellas se halla el pabellón Yujing (de la Vista Imperial). Cada 7 de julio, 9 de septiembre y durante la Fiesta del Medio Otoño, según el calendario lunar, el emperador, la emperatriz y las concubinas subían al pabellón para apreciar el precioso paisaje.

Гора Дуйсюшань в императорском саду: Императорский сад не большой, но оригинальный по планировке. Гора Дуйсюшань является искусственной горкой, на которой стоит беседка Юйцзиньтин. По Цисицзе (День влюбленных в Китае), праздникам Чуньян и праздникам Осени императрица и наложницы в этой беседке любуются пейзажем.

浮碧亭：建于水池正中的平桥上。桥下有拱形桥洞。
The Pavilion of Floating Green stands on the arched Pingqiao Bridge over a pond.
浮碧亭：池の真ん中を渡った平橋の上にある。下はトンネルになっている。
부벽정(浮碧亭)：못의 정중앙에 있는 다리위에 건설되였다. 다리아래는 아치형으로 된 구멍이 있다.
Le Kiosque Flottant (Fubiting) repose sur un pont à arche voûtée au milieu du bassin.
Der Fubi-Pavillon auf einer Steinbrücke im Palastgarten
Il padiglione *Fubi* fu costruito sul ponte della fontana e sotto il ponte è arcuato.
Pabellón Fubi, construido sobre el puente horizontal, centro de cisterna. Debajo de él hay un agujero en forma de arco.
Беседка Фубитин: Была построена на плоскостном мосту с аркообразным отверстием над центром пруда.

御花园中连理柏：由两棵古柏组成，上部相对倾斜生长，树冠相交缠绕在一起，下部树干跨在北京的中轴线上，是为奇景。

Twin Cypress Trees in the Imperial Garden: The two ancient cypress trees are interwoven, and their trunks span the central axis of Beijing. (英文)

御花園内の「連理柏」：2本の柏の老木で幹が相纏って「1本」となった。北京の南北を貫く中軸線はちょうどこの2本の柏の間を走っている。まれに見る奇観である。(日文)

어화원중의 연이백(連理柏)：이것은 두 그루의 측백나고 목으로 구성되고 웃부분은 상대적으로 기울게 생장하고 가지들이 서로 엉키여 있고 아래 부분은 베이징의 중추선에 가로 놓여져 있다. (韩文)

Les cyprès aux branches entrelacées du Jardin impérial. Les branches de ces deux cyprès s'entrelacent, tandis que leurs troncs poussent de chaque côté de l'axe central de la ville de Beijing, une merveille rarissime. (法文)

Lianlibai: Zwei miteinander verschlungene uralte Zepressen im Palastgarten (德文)

La parte superiore dei due antichi cipressi che sono legati insieme è reclinata, le fronde dei due cipressi sono intrecciate e i loro tronchi si trovano lungo l'asse centrale di Pechino (意文)

Ciprés matrimonial en el jardín imperial. Está formado por dos cipreses antiguos, que en su parte superior crecen inclinadamente. Las ramas están entrelazadas. El tronco se encuentra en el eje central de Beijing. Es un paisaje maravilloso. (西文)

Кипарис в императорском саду: На самом деле, этот кипарис состоит из двух кипарисов, кроны которых завивают друг друга, а стволы которых стоят на обеих сторонах центральной оси Пекина. (俄文)

天一门：天一门是供奉道教神像钦安殿的正门，位于御花园正中。

The Tianyi Gate, in the heart of the Imperial Garden, is the front entrance to the Hall of Imperial Peace, a hall for Taoist worship.

天一門：道教の神像を安置する欽安殿の正門である。御花園の中央にある。

천일문(天一門): 천일문은 도교를 신봉하는 신상의 흠안전(欽安殿)의 정문인데 어화원의 정중앙에 있다.

La Porte céleste (Tianyimen) est la porte principale de la Salle Qin'an au milieu du Jardin impérial, où sont installées des statues de divinités taoïstes qui font l'objet du culte des fidèles.

Das Tianyimen-Tor: Es ist der Haupteingang der Qin'an-Halle, eines der taoistischen Sakralbauten im Kaiserpalst

La *Tianyimen*. La porta *Tienyi* è l'ingresso principale del Palazzo *Qin'an* (della Pace Imperiale) in cui sono presenti statue degli spiriti del Taoismo.

Puerta Tianyi, principal entrada al Palacio de Qin'an (de la Tranquilidad Imperial), donde se veneran a los dioses taoístas. Se localiza en el centro del jardín imperial.

Ворота Тяньимэнь: Находятся в центре императорского сада. Являются парадными воротами к павильону Циньаньмэнь, где приносят жертву статуям даосских божеств.

钦安殿：紫禁城内佛、道及满汉多神崇拜共存。钦安殿专用于供奉道教神像及道场。

The Hall of Imperial Peace was used for Taoist worship. Buddhism and Taoism, and Han and Manchu gods coexist in harmony in the Forbidden City.

欽安殿：紫禁城内は仏教、道教および満州族と漢民族が信じるさまざまな神が共存している。欽安殿はもっぱら道教の神像を安置し、法事を行う場所である。

흠안전: 자금성내에는 불, 도 및 만한의 여러 가지 우상숭배가 공존하고 있는데 흠안전은 전문적으로 도교 신상 및 도장을 모시는 곳이다.

La Salle Qin'an. Le culte des divinités du bouddhisme, du taoïsme et d'autres existait dans la Cité interdite. La Salle Qin'an servait spécialement à rendre un culte aux divinités taoïstes et à organiser des liturgies.

Die Qin'an-Halle: Im Kaiserpalast gibt es viele buddhistische und taoistische Sakralbauten. Die Qin'an-Halle ist eine heilige Stätte des Taoismus.（德文）

Al centro del giardino sorge un tempio taoistà, il *Qin'andian* (Palazzo della Pace Imperiale), dove gli imperatori della tarda dinastia Ming prendevano parte ai riti taoisti. (西文)

El Palacio Qin'an es el lugar donde se concentran y conviven los distintos dioses del budismo, taoísmo, manchú y han. Servía exclusivamente para adorar las imágenes de los dioses y ritos de taoísmo.

Павильон Циньаньдянь: В Запретном городе поклоняются буддийским, даосским, маньским божествам. Данный павильон предназначен для жертвоприношения статуям даосских божеств и совершения религиозных обрядов. (俄文)

漱芳斋戏台：漱芳斋位于御花园内西侧，戏台在院内，是清代演出戏剧的主要场所。

A theatrical stage inside the Loft of Gentle Fragrance, which lies in the west of the Imperial Garden. Operas were performed here for the Qing imperial court.

漱芳斎戯台：御花園西側の庭にある。清代の主要芝居舞台である。

수방재(漱芳齋)경극무대: 수방재는 어화원의 서쪽에 위치하여 있다. 경극무대는 정원내에 있는데 이는 청나라시기에 경극을 연출하는 주요한 장소이다.

Le théâtre, situé dans la cour du Pavillon des Parfums subtils (Shufangzhai) du côté ouest du Jardin impérial, servait sous les Qing à donner des représentations théâtrales.

Das Theater Shufangzhai: Dieses Theater liegt im Westen des Palastgartens. In der Qing-Zeit wurden hier Stücke der Peking-Oper aufgeführt.

Il Palcoscenico Sufangzhai nella parte occidentale del Giardino Imperiale era il luogo principale della rappresentazione delle opere durante la dinastia Qing

Al oeste del jardín imperial aparece el Escenario Shufangzhai, dentro del patio, que fue el sitio donde se presentaban las óperas durante la dinastía Qing.

Сцена Суфанчжай: Павильон Суфанчжай находится на западе императорского сада. Во дворе Суфанчжай есть сцена, являющаяся главным местом для постановки спектаклей в династии Цин.

御花园内铜象和铜麒麟
Bronze elephant and unicorn in the Imperial Garden
御花園内の銅麒麟
어화원내의 구리로 만든 기린(麒麟)
Eléphant et licorne de bronze dans le Jardin impérial.
Elefant und Fabeltier Qilin aus Bronze im Palastgarten
Unicorno in bronzo nel Giardino Imperiale
Qilin de bronce en el jardín imperial.
Медный «цилинь» (мифическое животное с одним рогом и чешуйчатым панцирем, символ благополучия и счастья) и медный слон в императорском саду

順贞门：御花园北门，正对紫禁城北门神武门

The Gate of Obedience and Chastity, the north entrance to the Imperial Garden, faces the Gate of Divine Valor, the north entrance to the Forbidden City.

順貞門：御花園の北門。紫禁城の北門ー神武門とは相向かっている。

순정문(順貞門): 어화원의 북문, 자금성의 북문인 신무문(神武門)을 마주하고 있다.

La porte Shunzhen. C'est l'entrée du nord du Jardin impérial, juste en face de la porte de la Fierté divine qui ferme l'entrée nord de la Cité interdite.

Das Shunzhenmen-Tor: Es ist der nördliche Eingang des Palastgartens und liegt dem Shenwument-Tor, dem nördlichen Haupteingang des Kaiserpalastes, gegenüber.

La *Shunzhenmen*, la porta settentrionale del Giardino Imperiale, si trova di fronte alla porta del Genio Militare della Città Proibita.

La Puerta Shunzhen es el acceso Norte del jardín imperial, justamente frente a la puerta Norte de la Ciudad Prohibida, la puerta Shenwumen (del Genio Militar).

Ворота Шуньчжэньмэнь: Являются северными воротами императорского сада. Находятся напротив ворот Шэньумэнь, северных ворот Запретного города.

外东路

外东路即宁寿宫，这是一组独立于主体建筑东面的宫殿，是乾隆皇帝为自己做太上皇而修建的。其结构布局尤如紫禁城的缩小版。同样按前朝、后廷、花园等布局。

East Route （英文）

The Palace of Tranquil Longevity is a building complex in the east of the main part of the Forbidden City. It was built by Emperor Qianlong for his retirement. Comprising the Outer Court, the Inner Court and a rear garden, it is like a smaller replica of the Forbidden City.

外東路 （日文）

寧寿宮とその周辺にある1組の宮殿群のことである。真東の宮殿・寧寿宮は、乾隆帝が自らの太上皇になったことを祝ってつくらせたもので、構造と配置から言えばまるでミニ版の紫禁城のようである。同じく「前朝」と裏ガーデンなどがある。

외동로 （韩文）

외동로(外東路)는 일명 영수궁이라고도 하는데 입체 건축물의 동쪽에 독립적으로 위치한 궁전으로서 건륭제가 자신을 태상황으로 칭하면서 수건하였다. 외동로는 자금성의 축소판이라고 할 수 있는데 전조, 후정화원 등으로 배치되어 있다.

Der Äußere Osthof （德文）

Dieser Hof liegt im Osten des Innenhofes. Sein Hauptgebäude ist der Ningshougong (Palast der Ruhe und Langlebigkeit), wo der Kaiser Qian Long lebte, nachdem er dem Thron entsagt hatte.

Вайдунлу （俄文）

То есть, павильон Ниншоугун, который был построен цинским императором Цяньлун для себя. По планировке он очень похож на Запретный город. Вайдунлу тоже разделяется на внешние павильоны и внутренние резиденции.

La cour extérieure de l'est （法文）

La cour extérieure de l'est, appelée aussi le "Palais de la Tranquillité et de la Longévité (Ningshougong)", est un groupe de bâtiments du côté est, indépendant des palais principaux. C'est l'empereur Qianlong des Qing qui les fit construire pour son abdication en faveur de son fils désigné comme son successeur. Elle évoque une cité interdite réduite avec sa cour de devant, son jardin de derrière, etc.

Il *Waidonglu* （意文）

Waidonglu, Palazzo della Quiete e della Longevità è un gruppo di edifici situati nella parte orientale della Città Proibita. Fu edificato per volere dell'imperatore Qianlong per quando sarebbe diventato padre dell'imperatore. La sua struttura costituisce una miniatura della Città Proibita, anch'essa costituita da due parti: la Corte Esterna e la Corte Interna ed un giardino.

Ruta Exterior Este （西文）

El Palacio Ningshou constituye la Ruta Exterior del Este, que está integrada por un grupo de palacios independientes. Fue construido para el emperador Qianlong al devenir éste overlord. Su estructura parece una miniatura de la Ciudad Prohibida y respeta las reglas de la Corte Exterior y el jardín imperial.

东筒子路：这条长长的通道，西侧是东宫的宫墙，东侧是外东路宁寿宫的宫墙。

This long passage flanks the Three Front Halls to the west and the Palace of Tranquil Longevity to the east.

東筒子路：長い通路である。西側は東宮の宮壁にあたっており、東側は外東路寧寿宮の宮壁にあたっている。

동통자로(東筒子路)：이 긴나긴 통로의 서쪽은 동궁의 궁벽이고 동쪽은 외동로 영수궁 (寧秀宮)의 궁벽이다.

Le passage bien droit de l'est. Ce long passage s'encaisse entre le mur d'enceinte de la Cour intérieure et celui du Palais de la Tranquillité et de la Longévité de la cour extérieure de l'est.

Der östliche Tongzi-Weg: Er ist ein Durchgang zwischen den sechs östlichen Palästen im Westen und dem Ningshou-Palast im Osten.

Via *Tongzi* dell'Est, un lungo passaggio collegato con il muro del Palazzo dell'Est a ovest e il muro del Palazzo della Tranquilità Terrena a est.

El largo pasillo de la Ruta Dongtongzi (de Tubo del Este). Al oeste de él aparece el muro de los palacios del Este y al este, el muro del Palacio Ningshou, en la Ruta Exterior del Este.

Дорога Дунтунцзылу: На западной стороне этой длинной дороги стоит стена павильона Дунгун, а на восточной – стена павильона Ниншоугун.

皇极门：宁寿宫区之正门
The Gate of Imperial Zenith, the front entrance to the Palace of Tranquil Longevity
皇極門：寧寿宮の正門
황극문: 녕수궁의 정문
La porte de la Suprématie impériale (Huangjimen), entrée principale de l'ensemble du Palais de la Tranquillité et de la Longévité.
Das Huangjimen-Tor: Es ist der Haupteingang des Ningshou-Palastes.
Porta della Supremazia Imperiale, l'ingresso principale del Palazzo della Tranquilità Terrena
Puerta Huangji (de Perfección Imperial), entrada principal a la zona del Palacio Ningshou.
Ворота Хуанцзимэнь: Являются парадными воротами павильона Ниншоугун.

77

九龙壁：位于皇极门前，高３．５米，宽２９．４米，由２７０个琉璃块拼成。

The Nine-Dragon Screen lies in front of the Gate of Imperial Zenith and is 3.5 meters high and 29.4 meters long. It is inlaid with 270 glazed tiles. (英文)

九竜壁：皇極門前にある。高さは３.５ｍで、幅は２９.４ｍ。２７０の瑠璃レンガをつなぎ合わせてつくったもの。(日文)

구룡벽(九龍壁)：황극문앞에 위치하여 있으며 높이는 3.5 미터, 넓이는 29.4 미터인데 270 개의 유리조각으로 이루어졌다. (文转)

Le Mur aux Neuf Dragons, situé devant la porte de la Suprématie impériale, mesure 3,5 mètres de haut sur 29,4 mètres de large. Les neuf dragons sont composés de motifs que portent les 270 carreaux vernissés. (法文)

Die Neun-Drachen-Mauer: Diese 3,5 m hohe und 29,4 m lange Mauer liegt vor dem Huangjimen-Tor und besteht aus 270 glasierten Ziegelsteinen. (德文)

Il Muro dei Nove Draghi: situato davanti alla Porta della Supremazia Imperiale, è alto 3,5 m e largo 29,4 metri, costituito da 270 pezzi di mattoni invetriati. (意文)

Frente a la puerta de Huangji se sitúa el Muro de los Nueve Dragones, de 3,5 metros de alto y 29,4metros de ancho, formado por 270 cerámicas policromas barnizadas. (西文)

Стена девяти драконов: Находится перед воротами Хуанцзимэнь. Высота стены составляет 3,5 м, ширина ее – 29,4 м. 270 глазурных кусок образуют такую стену. (俄文)

78

①②③ 九龙壁局部
Part of the Nine-Dragon Screen
九竜壁（局部）
구용벽(국부)
Fragment du Mur aux Neuf Dragons.
Detail der Neun-Drachen-Mauer
Una parte del Muro dei Nove Draghi
Parte del Muro de los Nueve Dragones.
Деталь стены девяти драконов

④⑤⑥ 宁寿门前广场
The square in front of the Gate of Tranquil
Longevity
寧寿門前広場
녕수문앞광장
Esplanade devant la porte de la Tranquillité
et de la Longévité.
Der Ningshoumen-Platz
Piazzale davanti alla porta della Quiete e
della Longevità
Plaza frente a la puerta Ningshou.
Площадь перед воротами
Ниншоумэнь

乾隆皇帝像（1711－1799年）名弘历，清入关后第四代皇帝，1735年继位，25岁，年号乾隆。在位期间，多次用兵西北平叛，巩固了西北边疆，维护了祖国统一。重视农业生产、开垦荒地，一生多次东巡、西巡、北巡、南巡，特别重视汉文化，开博学科考，是乾隆盛世。

A portrait of Emperor Qianlong (1711-1799), the fourth Qing emperor to rule China. In 1735, when he was 25 years old, he ascended the throne. During his reign, he consolidated the control of the northwestern frontier regions by putting down rebellions. He also attached great importance to agricultural development, and conducted inspection tours across the country. He also took measures to promote culture and education. His remarkable achievements bestowed an era of prosperity.

乾隆帝（1711-1799）像。乾隆帝は、名は弘歴といい、清が山海関以南の地に入ってからの4代目の皇帝で、1735年25歳のときに位を継いで、年号を乾隆とした。在位期間中、何回も兵を起こして西北の反乱を平定し、西北国境地帯を安定させて強固にして、祖国の統一を護った。生産の発展にも重視し土地の開墾に励み、生涯には何回も東西南北をまわして巡幸した。漢民族文化の発展にも重視し、試験で官員登用の制度を普及させた。在位期間は乾隆盛世と呼ばれた。

건륭제상(1711~1799) 이름은 홍력이고 청나라가 입관한 후 네 번째 황제이다. 1735년에 즉위하였는데 25세 때에 연호를 건륭이라고 하였다. 재위하는 동안 여러번 군대를 파견하여 서북의 난을 제압하고 서북변강을 공고히 하였으며 조국통일을 유지하고 보호하였다. 농업생산을 중시하고 황무지를 개간하였으며 일생동안 여러번 동순(東巡), 서순(西巡), 북순(北巡), 남순(南巡)을 진행하였고 특별히 한족문화를 중시하였으며 과거시험을 열어 건륭성세를 이루었다. (韩文)

Portrait de l'empereur Qianlong. L'empereur Gaozong, Hong Li (1711 -1799), succéda au trône en 1735 comme le quatrième empereur après la pénétration des troupes des Qing à l'intérieur de la passe Shanhaiguan, connu sous le nom de son règne Qianlong. Quand il était sur le trône, il envoya plusieurs fois des troupes dans les régions du Nord-Ouest pour réprimer des séditions, consolidant la défense des régions frontières et sauvegardant l'unification de la patrie. Accordant une importance capitale au développement de l'agriculture, il fit défricher des terres incultes. Sa vie durant, il a fait plusieurs tours d'inspection dans l'Est, l'Ouest, le Sud et le Nord. Attachant une importance particulière à la culture des Han, il fit étudier les sciences de la nature et organiser des examens officiels, raison pour laquelle les historiens ont nommé son règne "époque de prospérité de Qianlong". (法文)

Porträt von dem Kaiser Qian Long (1711-1799): Qian Long hieß Hong Li und war der vierte Kaiser der Qing-Dynastie. Während seiner Regierungsperiode (1735—1796) hat er für die Stärkung der Herrschaft der Qing-Dynastie, für die Vereinigung des Landes und die Entwicklung Landwirtschaft sowie für das Aufblühen der Kultur und Wissenschaft verschiedene Maßnahmen getroffen und dabei gute Erfolge erzielt. Daher wurde seine Regierungsperiode als die Blützeit der Qing-Dynastie bezeichnet. (德文)

Ritratto dell'imperatore Qianlong (1711-1799), chiamato Hongli, quarto imperatore della dinastia Qing: salì al trono nel 1735 all'età di 25 anni quando prese il nome del regno di Qianlong. Durante il suo regno sedò ribelioni del Nord-Ovest, consolidò i confini nord-occidentali e salvaguardò l'unificazione del paese. Presto particolare attenzione allo sviluppo agricolo e alla bonificazione dei terreni incolti. Effettuò diverse ispezioni in tutto il pacsc. Promossc la cultura tradizionale Han e istituì il sistema di esami. Il florido periodo del regno di Qianlong fu caratterizzato da un grande sviluppo economico, culturale e politico. (意文)

Dibujo del emperador Qianlong (1711-1799). Tiene el nombre de Hongli y es el cuarto emperador, tras la penetración de Qing a las planicies centrales. Asumió el trono en 1735, a los 25 años, con el título de Qianlong. Durante su mandato designó a varios generales para reprimir las rebeliones en el noroeste, reforzando el territorio y preservando la unificación del país. Prestó atención a la producción agrícola y a la roturación de tierras no cultivadas, así como a la cultura Han. Aplicó el examen imperial y realizó varias inspecciones al Oeste, Norte y Sur. Fundó la prosperidad de Qianlong. (西文)

Портрет императора Цяньлун (1711-1799): Личное имя Цяньлун – Хунли. Является четвертым императором Цинской династии. В 1735 году он вступил на трон, его девиз – Цяньлун. В течение его правления он много раз направлял армии на подавление мятежа на северно-западе Китая, защищая единство Родины и национальной сплоченности. Цяньлун ценил сельское хозяйство. В своей жизни он много раз побывал на востоке, западе, юге и севере Китая. Еще нужно особенно отметить, Цяньлун очень ценил ханьскую культуру. (俄文)

养性殿：宁寿宫后宫区主殿
The Hall of Character Cultivation, the main building behind the Palace of Tranquil Longevity
養性殿：寧寿宮后宮区の主体宮殿
양성전: 녕수궁후궁구역의 주요 전각
Le Palais de la Formation du caractère (Yangxingdian), principal édifice de la partie de derrière du Palais de la Tranquillité et de la Longévité.
Die Yangxing-Halle: Sie ist die Haupthalle im Ningshou-Palast.
Il Palazzo del Nutrimento del Carattere è il palazzo principale dell'area della Corte Posteriore
Palacio Yangxing (de Cultivo de Temperamento), área principal del Palacio Ningshou.
Павильон Янсиндянь: Является главным павильоном в районе Хоугун павильона Ниншоугун.

养性门外景
The Gate of Character Cultivation
養性門の外部景色
양성문 외경
Une vue extérieure de la porte du Palais de la formation du caractère
Auâenansicht des Yangxingmen-Tors
Una veduta all'estern della Porta del Nutrimento
Escena exterior de la Puerta Yangxing
Ворота Янсинмэнь

82

宁寿宫花园：俗称乾隆花园，位于宁寿宫后西侧。楔赏亭，枪厦内地面凿石为渠，称"流杯渠"。

The garden of the Palace of Tranquil Longevity, also called Qianlong Garden, lies to the west behind the palace. （英文）

寧寿宮花園：俗は乾隆花園と称される。寧寿宮裏の西側にある。楔賛亭（楔賞亭），槍厦（槍厦）内の地面は石を掘って道路に作られ"流杯渠（流杯渠）"と呼ぶ。（日文）

녕수궁화원: 속칭으로 건륭화원이라고 하는데 녕수궁뒤의 서쪽에 위치하여 있다. 설상정(楔賞亭), 창하(槍厦)내의 지면은 돌을 파서 도랑으로 만들었으며 "류배거（流杯渠)" 라고 부른다. (韩文)

Le Jardin du Palais de la Tranquillité et de la Longévité, appelé vulgairement le "Jardin de Qianlong", est situé du côté ouest de la partie de derrière du Palais de la Tranquillité et de la Longévité. Le Kiosque Xieshang abrite une rigole sinueuse creusée dans la pierre, appelée "Rigole à coupes flottant sur l'eau (Liubeiqu)". (法文)

Der Ningshougong-Blumengarten: Er wird auch Qianlong-Blumengarten genannt und liegt an der westlichen Seite des Ningshou-Palastes. Der Xieshang-Pavillon: Auf dem Boden dieses Pavillons gibt es einen kurvenreichen Kanal aus Stein mit dem Namen Liubeiqu (Kanal für fließende Weinbecher).

(德文)

Il Giardino del Palazzo della Quiete e della Longevità, chiamato anche giardino Qianlong, si trova ad ovest della Corte Posteriore. (意文)

Parque del Palacio Ningshou, ubicado al oeste del mismo edificio, tiene el nombre local de parque Qianlong. En el pabellón Xieshang taladró el suelo y lo convirtió en el canal bautizado con el nombre de "Liubei". (西文)

Сад Ниншоугун

Еще называется садом Цяньлун. Находится на западе за Ниншоугун. На полу беседки Цишантин есть канава. по которой могут плыть стаканы. (俄文)

珍妃井：宁寿宫区北门贞顺门内水井，1900年庚子之变，慈禧太后西逃之前令人将珍妃推入井内。后人称之为珍妃井。

Concubine Zhen's Well inside the Gate of Chastity and Obedience, the north entrance to the Palace of Tranquil Longevity. In 1900, the Allied Forces of Eight Powers took Beijing. Before she escaped to western China, Empress Dowager Cixi ordered Concubine Zhen drowned in the well, hence its name.

珍妃井：寧寿宮の北門－貞順門内にある井戸。1900年の庚子事変後、慈禧太后が西へ逃げる前に光緒帝最愛の珍妃を井戸の中に推し入れて死なせた。後に人々はこの井戸を珍妃井と呼ぶようになった。

진비정(珍妃井): 녕수궁구 북문의 정순문(貞順門)내의 우물인데 1900년 경자지변(庚子之變)시 자희태후는 도망치기 전에 사람을 파견하여 진비를 우물에 투신하게 하였다. 후세에 사람들은 이 우물을 진비정이라고 불렀다.

Le Puits de la favorite Zhen. Il s'agit du puits à l'intérieur de la porte Zhenshun qui ferme l'entrée du nord du Palais de la Tranquillité et de la Longévité. Lors de l'Incident de 1900, l'impératrice douairière Cixi fit pousser la favorite Zhen dans ce puits avant de s'enfuir vers l'ouest, d'où le nom de ce puits.

Der Brunnen der Konkubine Zhen: Dieser Brunnen liegt hinter dem Zhenshunmen-Tor.　Im Juli 1900 drangen die alliierten Truppen der acht Länder in Beijing ein. Die Kaiserinwitwe Ci Xi mußte mit ihrer Begleitung die Flucht ergreifen und befahl zuvor Eunuchen, die Konkubine Zhen in diesen Brunnen zu werfen.

Il Pozzo della Concubina Zhen, vicino alla porta Zhengshun, a nord del Palazzo della Quiete e della Longevità. Nel 1900, le truppe alleate entrarono a Pechino e l'imperatrice Cixi, poco prima di fuggire vi fece gettare la concubina Zhen.

Dentro de la puerta Zhenshun (de la Verdad Pura) se halla el Pozo Zhenfei. En el año 1900 ocurrió el movimiento de Gengzi. Antes de su huida, Cixi ordenó a lanzar a la concubina Zhenfei (Perla) al pozo. A partir de ese momento, el pueblo bautizó el lugar con el nombre de esta.

Колодец Чжэньфэй: Находится внутри ворот Чжэньшуньмэнь, северных ворот Ниншоугун. В 1900 году в стране вызревает небезизвестная – по словам Ленина – «революционная ситуация». Перепуганной Цы Си приходится спешно уносить ноги в Сиань. На ходу она отдает приказание бросить Чжэньфэй в колодец. С тех пор колодец носит название «Колодец Чжэньфэй».

光绪与珍妃

光绪是清朝入关后第9代皇帝德宗载恬的年号。光绪帝是慈禧太后亲妹妹的儿子，5岁即位，由慈禧太后垂帘听政。光绪二十四年（1898年），为了挽救清政府的统治，摆脱太后的控制，宣布实行变法。结果遭到守旧派的激烈反对，光绪帝被太后幽禁。三十四年（1908年）死于瀛台，年38岁。

珍妃：光绪皇帝的宠妃。礼部左侍郎长叙的女儿，13岁入宫封为珍嫔，18岁晋封为珍妃，珍妃貌美而贤惠，1898年光绪帝变法时，珍妃因支持光绪而触犯了太后，被囚禁在建福宫。1900年7月，八国联军攻进北京，慈禧太后在仓皇出逃前将珍妃推入景祺阁后的井中淹死。

Emperor Guangxu and Concubine Zhen

Emperor Guangxu was the ninth Qing emperor to rule China. He was the son of a sister of Empress Dowager Cixi. He ascended the throne at the age of five, and Cixi acted as regent. In 1898, the 24th year of his reign, Emperor Guangxu began the Hundred Days' Reform, but a conservative-leaning group launched a coup, after which he was put under house arrest until 1908, when he died at the age of 38.

Concubine Zhen, the daughter of Vice-Minister of Rites Changxu, was a beloved concubine of Emperor Guangxu. At the age of 13, she became an imperial concubine. Pretty and virtuous, she supported Emperor Guangxu when he launched the reform in 1898, for which she irritated Empress Dowager Cixi and was then imprisoned. In July 1900, the Allied Forces of Eight Powers took Beijing. Before she escaped to western China, Empress Dowager Cixi ordered Concubine Zhen drowned in a well.

光緒帝と珍妃

光緒帝：光緒帝は清が山海関以南の地に入ってからの9代目の皇帝である。慈禧太后（西太后）の実妹の男の子で、5歳のときに即位してから、西太后の垂簾の政により政権を握る。光緒二十四年（1898年）、西太后のコントロールを振り捨て清の統治を救うため、変法を実行した。その結果、保守派から強く反対され、本人も西太后から監禁されるようになった。光緒三十四年（1908年）、瀛台というところで死んでしまい、年わずか38歳。

珍妃：光緒帝最愛の妃。礼部左侍郎・長叙の娘で、13歳のとき故宮入りして珍嬪に封じられ、18歳のとき珍妃に封じられた。美貌で賢く、1898年光緒帝の変法を支持したため、西太后のタブーを犯して建福宮内に監禁された。1900年7月、8カ国連合軍が北京に攻め込み、西太后が西へ逃げる前に珍妃を景祺閣裏の井戸中に推し入れて溺死させた。

광서제와 진비

광서제는 청나라가 산해관 이남으로 들어온 후 제9대 황제이다. 광서제는 자희태후의 친 여동생의 아들이다. 5살에 등극했는데 자희태후가 수렴청정하였다. 광서 24년（1898년）에 청정부의 통치위기를 피하고 태후의 공제에서 벗어나기 위하여 변법을 실행하기로 선포하였다. 결국에는 당시의 수구파들의 강렬한 반대로 인해 광서제는 태후한테 유폐되었다. 34년（1908년）에 영대（瀛臺）에서 죽었고 죽을 때 38세였다.

진비: 광서황제가 총애하는 비（妃）였다. 예부좌시랑 장서（長叙）의 딸인데 13 살에 입궁하여 진빈（珍嬪）으로 책봉되었고 18 세에 지위가 올라서 진비라고 하였다. 진비는 아름답고 착하며 총명하였는데 1898 년 광서제의 변법 때에 진비는 광서제를 지지한 탓에 태후를 저촉하여 건복궁（建福宮）에 유폐되었다. 1900 년 7 월 팔국연합군이 북경을 진공할 때 자희태후는 창황하게 도망가기 전에 진비를 경기각（景祺閣） 뒤의 우물에 투신하게 하였다.

L'empereur Guangxu et la favorite Zhen

Guangxu est le nom du règne du neuvième empereur Dezong des Qing. Fils de la sœur cadette de l'impératrice douairière Cixi, il succéda au trône à l'âge de 5 ans. Lors de son règne, c'est l'impératrice douairière Cixi qui assistait au Conseil derrière un rideau. En l'An 24 du règne Guangxu (1898), pour sauvegarder le gouvernement des Qing et se libérer du contrôle de l'impératrice douairière Cixi, il proclama la réforme constitutionnelle. Soulevant l'opposition forte des conservateurs, l'empereur Guangxu fut mis en résidence surveillée. En l'An 34 de son règne, il décéda à l'âge de 38 ans à Yingtai.

La concubine Zhen était la favorite de l'empereur Guangxu. Fille de Chang Xu, vice-ministre des Rites, elle entra à l'âge de 13 ans dans la cour des Qing en recevant le titre de "Demoiselle d'honneur Zhen" et à l'âge de 18 ans, elle fut promue au rang des concubines, connue sous le titre de "favorite Zhen". Elle était belle et vertueuse. Lorsque l'empereur Guangxu réformait le régime politique, la favorite Zhen excita la colère de l'impératrice douairière Cixi en raison de son soutien accordé à l'empereur Guangxu et fut emprisonnée dans le Palais Jianfu. Quand les Forces coalisées des Huit Puissances envahissaient Beijing en juillet 1900, l'impératrice douairière Cixi fit pousser la favorite Zhen dans le puits derrière le Pavillon Jingqi avant de s'enfuir à la hâte.

Kaiser Gung Xu und seine Konkubine Zhen

Guang Xu (1871—1908) hieß Zai Tian und war der 9. Kaiser der Qing-Dynastie. Seine Mutter war die Schwester der Kaiserinwitwe Ci Xi. Im Alter von 5 Jahren bestieg er den Thron. Aber die Macht der Qing-Regierung lag in der Hand der Kaiserinwitwe Ci Xi. Um die Herrschaft der Qing-Dynastie zu stärken und von der Kontrolle Ci Xis zu befreien, entfaltete er im Jahre 1898 die Wuxu-Reformbewegung, die aber bei der konservativen Clique mit Ci Xi an der Spitze auf Widerstand stieß und schließlich mit der Niederlage beendet wurde. Guang Xu wurde von Ci Xi unter Arrest gestellt. Im Jahre 1908 starb er im Alter von 34 Jahren in Yingtai (heute in Zhongnanhai) an einer Krankheit.

Konkubine Zhen (1876—1900) war die Lieblingskonkubine Guang Xus. Im Alter von 13 Jahren wurde sie als eine Konkubine in den kaiserhof geschickt und 5 Jahre später erhielt sie den Titel Konkunbine Zhen. Sie war sehr hübsch und tugendhaft. Da sie die Reformbewegung unterstützte, wurde sie nach der Niederlage dieser Beweung auch von Ci Xi eingesperrt. Im Juli 1900 drangen die alliierten Truppen der acht Länder in Beijing ein. Vor ihrer Flucht befahl Ci Xi Eunuchen, die Konkubine Zhen in den obenerwähnten Brunnen zu werfen.

L'imperatore Guangxu e la concubina Zhen

Guangxu era il nome adottato dal regno del nono imperatore della dinastia Qing. L'imperatore Guangxu era il figlio della sorella minore dell'mperatrice Cixi, che salì al trono all'età di 5 anni per il quale fu l'imperatrice Cixi ad esercitare il potere da dietro le quinte. Nel 1898 nel tentativo di salvaguardare il dominio del governo dei Qing e liberarsi dal potere dell'imperatrice Cixi, Guangxu proclamò una riforma politica e subì l'opposizione delle forze conservatrici e fu venne imprigionato dall'imperatrice Cixi. Nel 1908 Guangxu morì all'età di 38 anni.

La concubina Zhen, favorita dell'imperatore Guangxu, era figlia di Changxu, vice presidente del dipartimento dei Riti, che entrò a corte all'età di 13 anni e divenne la concubina Zhen all'età di 18 anni. Appoggiò la riforma politica di Guangxu, il che la pose negativamente agli occhi dell'imperatrice Cixi che la fece prigioniera nel Palazzo *Jianfu*. Nel luglio del 1900, le truppe alleate entrarono a Pechino, e prima di fuggire, l'imperatrice Cixi ordinò di gettare la concubina Zhen nel pozzo dietro il padiglione *Jingqi*.

Guangxu y Zhenfei

Guangxu es el título de Dezong Zaitian, noveno emperador después de la penetración a las planicies centrales. Es el hijo de la hermana menor de Cixi. A los 5 años ocupó el trono, mientras Cixi asistía, detrás de una cortina, al consejo presidido por él. En el año 24 de su reinado (1898), a fin de salvar al entonces Gobierno Qing y librarse del control de Cixi, Guangxu ordenó aplicar una reforma política. Empero, encontró fuerte oposición en los conservadores y fue secuestrado por la emperatriz viuda. Murió en 1908, en Yingtai, a los 38 años.

La concubina Zhenfei fue la favorita de Guangxu. Era hija de Syria, jefe del Departamento de los Ritos en la dinastía Qing. A los 13 años entró en la Ciudad Prohibida como pin y fue nombrada fei a los 18. Fue una chica muy linda y tierna. Por haber defendido los proyectos de reforma de Guangxu, en 1898, la encarcelaron en el Palacio Jianfu. En julio de 1900 las ocho alianzas extranjeras invadieron a Beijing y antes de su huída, Cixi mandó que lanzasen a Zhenfei al pozo ubicado detrás del pabellón Jingqi.

Император Гуансюй и его наложница Чжэньфэй

Гуансюй является девятым императором цинской династии. Он − сын младшей сестры императрицы Цы Си. Когда он вступил на трон, ему было только 5 лет. Тогда Цы Си стала фактической правительницей. Этот решительный молодой человек начал правление страной в 1898 году с «Реформы ста дней», за что и поплатился заточением в Павильоне Нефритовых Волн Летнего дворца. В 1908 году он скончался в Интай, тогда ему было 38 лет.

Чжэньфэй: Любимая наложница императора Гуансюй. В 13 лет она поступил в Запретный город. Когда в 1898 году Гуансюй начал провести «Реформу ста дней», она вдохновила своего мужа. За это она по приказу Цы Си оказалась под замком в павильоне Цзяньфугун. В 1900 году в стране вызревает «революционная ситуация». Перепуганной Цы Си приходится спешно уносить ноги в Сиань. Но даже в этот момент она не может забыть о заточённой в тереме Цзинцигэ невольнице и на ходу отдаёт приказание бросить её в колодец.

宫墙和护城河

　　紫禁城城墙高7.9米，周长3428米，墙砖结构15层，均用江米加石灰水混合搅拌浇灌三次，使宫墙坚如磐石。在城垣四隅各建有角楼，有瞭望警戒功能，同时由于建筑精美高有装饰性。角楼有"九梁十八柱七十二脊"之称，是故宫标志性建筑。

　　护城河，俗称筒子河，宽52米，深6米，环绕于紫禁城城垣。

City Walls and Moat （英文）

The Forbidden City is surrounded by 7.9-meter-high walls, with a circumference of 3,428 meters. The walls have 15 layers and are reinforced by concretes made of glutinous rice and limewater. On each of the four corners stands a watchtower. As landmark buildings of the Forbidden City, these watchtowers feature nine girders, 18 columns and 72 beams.

The moat, popularly known as the Tube River, is 52 meters wide and six meters deep, and encircles the entire Forbidden City.

城壁とお濠 （日文）

紫禁城の城壁は、高さは7.9mで、一周の長さは3428m。石灰にもち米粉を混ぜて水を入れ、3回攪拌したモルタルを用いて、レンガを畳んでつくったもので、きわめて堅固なものである。四隅にはそれぞれ「角楼」という望楼が建てられてCある。角楼の構造には「九梁十八柱七十二脊」の特徴がある。美しくて故宮のシンボルマークとなっている。

お濠は俗に「筒子河」と称される。幅は52mで、深さは6m、紫禁城を一周するように巡らして走る。

성벽과 호성하城壁和護城河 （韩文）

자금성의 성벽은 높이가 7.9m이고 둘레의길이가 3428m이며 15겹의 벽돌을 사용하였는데 모두 찹쌀에 흙을 반죽하여 다져넣어 매우 견고하다. 성벽의 네 모퉁이에 있는 각루는 적을 감시하는 작용을 할뿐 만아니라 설계가 정밀하고 아름다워 장식작용도 하고 있다. 사방을 볼 수 있는 3층의 형태 건물로 9개의 대들보, 18개의 기둥, 72개의 용마루로 구성되어 있으며, 고궁의 대표적인 건축물이다.

호성하(護城河)는통자하(筒子河)라고도 불리며 폭이 52m, 깊이 6m 이며 자금성 성벽을 에워싸고 있다.

Le mur d'enceinte et les douves （法文）

Le mur d'enceinte de la Cité interdite, fait de 15 assises de briques, mesure 7,9 mètres de haut et 3 428 mètres de tour. Le coulage en trois fois du mélange de bouillon de riz glutineux et d'eau de chaux rendit les murailles solides comme la pierre. Aux quatre coins de l'enceinte fut respectivement construite une tour d'angle de forme agréable à voir. Outre leur fonction d'observation et de surveillance, elles jouent aussi un important rôle ornemental. Avec leurs "neuf poutres, dix-huit piliers et soixante-douze faîtages", les tours d'angle sont les bâtisses emblématiques de la Cité interdite.

（德文）
Die Stadtmauer und der Stadtgraben

Die Stadtmauer der Purpurnen Verbotenen Stadt ist 7,9 m hoch und 3428 m lang. Sie besteht aus 15 Tonschichten, die gemischt mit Klebreismehl und Kalk gestampft und außen mit riesigen Ziegelsteinen bekleidet wurden. An jeder der vier Mauerecken gibt es einen Wachtturm, der aus 9 Balken, 18 Stützsäulen und 72 Dachfirsten besteht.

Der Stadtgraben, auch Tongzihe-Fluss genannt, liegt außerhalb der Stadtmauer und ist 52 m breit und 6 m ief.

（意文）
Il muro di cinta e il fossato

Il muro di cinta della Città Proibita ha una altezza di 7,9 metri e un perimetro di 3.428 metri. Venne costruito con 15 strati di mattoni compattati da tre strati di impasto costituito da riso glutinoso, calce e acqua che lo resero duro e resistente. In ciascun angolo del muro è presente una torre di guardia sorretta da 9 travi, 18 pilastri e 72 cresti, edificio simbolico del complesso.

Il fossato, chiamato anche *Tongzihe*, è largo 52 metri e profondo 6, e circonda il muro di cinta della Città Proibita.

（西文）
Muro y río protector de la Ciudad

El muro de la Ciudad Prohibida tiene 7,9 metros de alto y 3.428 metros de circunferencia. Su estructura tiene 15 capas. En él se vertía tres veces la mezcla de arroz glutinoso y agua de cal, a fin de dejarlo más sólido. En cada una de las cuatro esquinas de la Ciudad Prohibida se levantó una torre, las cuales se empleaban para la observación y vigilancia, además de su excelente valor ornamental. Las atalayas tienen el sobrenombre de "nueve vigas, diez ocho columnas y 72 espaldas" y son edificios que marcan al palacio imperial.

El río protector de la Ciudad, con el nombre local de río Tongzi (tubo), tiene 52 metros de ancho, 6 metros de profundidad y rodea al muro de la Ciudad Prohibida.

（俄文）
Стена и городской ров

Высота стены Запретного города составляет 769 м, периметр - 3428 м. Известковым раствором со смешением клейкого риса заливали стену три раза, что сделали стену очень крепкой. По углам стены были построены угловые башни со сторожевой функцией. Они не только являются символом Гугуна, но и украшают этот императорский дворец.

Вокруг стены Запретного город был вырыт городской ров, наполненный водой. Ширина его - 52 м, глубина - 6 м.

东华门：紫禁城东门，依清朝定制，朝臣及内阁官员由此出入紫禁城。此门门钉数为７２个，其余三门均为８１个。

The Gate of Eastern Glory is the east entrance to the Forbidden City. During the Qing Dynasty, officials and cabinet members could enter the Forbidden City only through this gate. The gate has 72 door studs, while each of the other three gates to the Forbidden City has 81. （英文）

東華門：紫禁城の東門。清の仕来りによれば、朝臣と内閣官員はここから紫禁城を出入りすると定められている。この門の「門釘」（扉の飾るくぎ）は、８１個をもつほかの３門と違って、７２個となっている。（日文）

동화문(東華門): 자금성동문, 청나라의 제도에 따르면 조신(朝臣) 및 내각관원은 이곳으로 부터 자금성으로 출입한다. 이 문의 못(釘) 개수는 72 개이고 다른 세개의 문은 81 개이다. （韩文）

（法文）

La porte Donghua, entrée de l'est de la Cité interdite. Selon le système des Qing, les ministres et les fonctionnaires des divers ministères devaient entrer dans la Cité interdite et en sortaient par cette porte. Les mamelons de cette porte sont au nombre de 72, tandis que les trois autres portes en comptent chacune 81.

Das Donghuamen-Tor: Es ist der östliche Haupteingang des Kaiserpalaste. Auf jedem seiner zwei Türflügel gibt es 8X9 gelbe Holznägel als Türdekoration. Während Qing-Dynastie kamen hohe Zivil- und Militärbeamte durch dieses Tor in den Kaiserpalast. （德文）

La Porta Donghua: è il portale orientale della Città Proibita. Secondo il sistema stabilito del governo dei Qing, gli ministratori e i funzionari entravano nella Città Proibita da questa porta. I chiodi su questa porta sono 72, mentre quelli delle altre tre porte sono 81 （意文）

Puerta Donghua, en el lado Este de la Ciudad Prohibida. Según los reglamentos de la dinastía Qing, los cortesanos y funcionarios tenían que entrar y salir por esta vía. Tiene 72 clavos, mientras las restantes muestran 81. （西文）

Ворота Дунхуамэнь: Являются восточными воротами Запретного города. По закону династии Цин министры и члены кабинета входят в Запретный город через эти ворота, на которых есть 72 гвоздя. А на других трех воротах – 81 гвоздь. （俄文）

西华门：紫禁城西门，明清皇帝后妃往返西区（今中南海）行此门。

The Gate of Western Glory is the west entrance to the Forbidden City. During the Ming and Qing dynasties, emperors and their concubines passed through the gate to reach the western area of the city (today's Zhongnanhai). （英文）

西華門：紫禁城の西門。明・清時代の皇帝と后妃が西区（今の中南海）を行き来するときは、この門を出入りするとなっている。（日文）

서화문(西華門)：자금성 서문, 명청황제 후비들이 서쪽 구역(오늘의 중난하이)로 움직일 때 사용하던 문이다. (韩文)

La porte Xihua, entrée de l'ouest de la Cité interdite. Sous les Ming et les Qing, l'empereur, l'impératrice et les concubines traversaient cette porte quand ils allaient dans la zone de l'oust (Zhongnanhai d'aujourd'hui) et quand ils en revenaient. (法文)

Das Xihuamen-Tor: Dieses Tor ist der westliche Haupteingang des Kaiserpalastes. In der Ming- und Qing-Dynastie gingen Kaiserinnen und Konkubienen durch dieses Tor in die westliche Zone (heute Zhongnanhai). (德文)

La Porta *Xihua*, la porta occidentale della Città Proibita, riservata soltanto all'imperatore, all'imperatrice e alle concubine per accedere alla zona occidentale della Città Proibita durante le dinastie Ming e Qing. (意文)

En la parte Oeste de la Ciudad Prohibida se encuentra la Puerta Xihua, por donde accedían los emperadores y concubinas de los períodos Ming y Qing, cuando iban y regresaban de la zona del Oeste (actualmente es Zhongnanhai). (西文)

Ворота Сыхуамэнь: Являются западными воротами Запретного города. Императрицы и наложницы императора проходят через эти ворота в западный район (нынешний Чжунънаньхай) и обратно. (俄文)

图书在版编目（CIP）数据

紫禁城／万博艺林图书有限公司编著．－北京：外文出版社，2008

ISBN 978-7-119-05343-1

Ⅰ.紫… Ⅱ.万… Ⅲ.故宫－画册 Ⅳ.K928.74-64

中国版本图书馆 CIP 数据核字（2008）第 053582 号

编　　著：万博艺林图书有限公司
责任编辑：兰佩瑾
摄　　影：张肇基　卞志武　姜景余
　　　　　武冀平　李　江　林　夕
　　　　　张冠嵘　赵晓明　张利民

紫禁城

© 外文出版社

外文出版社出版

（中国北京百万庄大街 24 号）

邮政编码：100037

外文出版社网页：http://www.flp.com.cn

外文出版社电子邮件地址：info@flp.com.cn

sales@flp.com.cn

2008 年 5 月（12 开）第 1 版

2013 年 3 月第 1 版第 3 次印刷

（英、汉、法、德、日、俄、意、西、韩）

ISBN 978-7-119-05343-1

06000（平）

故宫博物院参观线路图

TOURIST MAP OF THE FORBIDDEN CITY

筒子河 The Moat

筒子河 The Moat

角楼 Corner Tower

神武门 Shenwu Gate

角楼 Corner Tower

英华殿 Yinghua Hall

建福宫花园旧址 Jianfu Palace Garden

钦安殿 Qinan Hall

御花园 Imperial Garden

Fuwang Pavilion

珍妃井 Zhenfei Well

景祺阁 Jingqi Pavilion

符望阁 / 颐和轩 Yihe Pavilion

咸福宫 Xianfu Palace

储秀宫 Chuxiu Palace

乐寿堂 Leshou Hall

寿安宫 Shouan Palace

长春宫 Changchun Palace

翊坤宫 Yikun Palace

钟粹宫 Zhongcui Palace

景阳宫 Jingyang Palace

景仁宫 Jingren Palace

养性殿 Yangxing Hall

Emperor Qianlong

乾隆花园 Changyin Pavilion 畅音阁

体元殿 Tiyuan Hall

坤宁宫 Kunning Palace

承乾宫 Chengqian Palace

永和宫 Yonghe Palace

雨花阁 Yuhua Pavilion

太极殿 Taiji Hall

永寿宫 Yongshou Palace

交泰殿 Jiaotai Hall

延禧宫 Yanxi Palace

宁寿宫 Ningshou Palace

皇极殿 Huangji Hall（珍宝馆）(Hall of Treasures)

Hall of Carvings 铬刻馆

Hall of Bronzes 青铜器馆

养心殿 Yangxin Hall

陶瓷馆 Hall of Ceramics

乾清宫 Qianqing Palace

诚肃殿 Chengsu Hall

斋宫 Zhaigong Palace

奉先殿 Fengxian Hall

皇极门 Huangji Gate

寿康宫 Shoukang Palace

慈宁宫 Cining Palace

乾清门 Qianqing Gate

隆宗门 Longzong Gate

景运门 Jingyun Gate

锡庆门 Xiqing Gate

九龙壁 Nine-Dragon Screen

慈宁门 Cining Gate

慈宁花园 Cining Garden

绘画馆 Hall of Paintings

保和殿 Baohe Hall

钟表馆 Hall of Clocks

箭亭 Arrow Pavilion

御膳房 Imperial Kitchen

南三所 South Three Abodes

中和殿 Zhonghe Hall

太和殿 Taihe Hall

武英殿 Wuying Hall

弘义阁 Hongyi Pavilion

体仁阁 Tiren Pavilion

文渊阁 Wenyuan Pavilion

文华殿 Wenhua Hall

武英门 Wuying Gate

贞度门 Zhendu Gate

太和门 Taihe Gate

昭和门 Shaohe Gate

西华门 Xihua Gate

熙和门 Xihe Gate

协和门 Xiehe Gate

东华门 Donghua Gate

角楼 Corner Tower

灯笼库 Lantern Storehouse

内金水桥 Golden River Bridge

角楼 Corner Tower

筒子河 The Moat

午门 Wumen Gate

筒子河 The Moat

图例

未开放区 The unopened area

开放区 The open area